把一切麻烦之事都摆到理性的天平上。

——陈乐民

陈乐民 著

哲学絮语

人民东方出版传媒
東方出版社

图书在版编目（CIP）数据

哲学絮语 / 陈乐民 著. — 北京：东方出版社，2020.10
ISBN 978-7-5207-1604-8

Ⅰ.①哲…　Ⅱ.①陈…　Ⅲ.①哲学—文集　Ⅳ.①B-53

中国版本图书馆 CIP 数据核字（2020）第 120520 号

哲学絮语
（ZHEXUE XUYU）

作　　者：	陈乐民
策　　划：	陈　卓
责任编辑：	袁　梦
责任审校：	金学勇
出　　版：	东方出版社
发　　行：	人民东方出版传媒有限公司
地　　址：	北京市朝阳区西坝河北里 51 号
邮　　编：	100028
印　　刷：	北京联兴盛业印刷股份有限公司
版　　次：	2020 年 10 月第 1 版
印　　次：	2020 年 10 月第 1 次印刷
开　　本：	880 毫米 ×1230 毫米　1/32
印　　张：	10
字　　数：	206 千字
书　　号：	ISBN 978-7-5207-1604-8
定　　价：	52.00 元
发行电话：	（010）85924663　85924644　85924641

版权所有，违者必究

如有印装质量问题，我社负责调换，请拨打电话：（010）85924602　85924603

出版说明

陈乐民先生是一位有着丰厚学养的国际政治与欧洲学专家,同时也是一位潜心于中西历史文化比较的著名学者。曾任中国社会科学院荣誉学部委员,中国社会科学院欧洲研究所所长,中国欧洲学会会长。

陈先生1930年出生于北京,幼习诗文书画。初中起就读于教会学校,打下英语基础。1953年大学毕业后,因缘际会之下,陈先生进入"涉外部门",成为一名长期驻外工作人员。1983年,陈先生离开外事工作,进入中国社会科学院欧洲研究所(时为西欧研究所),开始全职学者生涯。1991年前后,陈先生患上肾病。1998年病情恶化。此后十年,全靠"血液透析"维持生命。

用陈先生自己的话说,他的一生分为三个阶段:大学毕业以前读书;青年和中年时期做了从事"民间外交"的"小公务员";进入老年则为"学者"之事。在二十多年的学术生命期,陈先生不仅打通了各个人文学科之间的藩篱,还打通了中西与古今。

纵览数千年的中国历史演进,亲历当世的国家磨难,陈先生仍然坚信社会总是在螺旋式上升，数十年来，一直奔走在追寻"德先生"和"赛先生"的路上。他眼里看的是欧洲，心里想的是中国。自20世纪90年代中期起，陈先生便不断思考一个问题："西方何以为西方，中国何以为中国。"

陈先生博览群书，笔耕不辍，直至生命的最后时刻，仍在孜孜思索。在以"血液透析"维持生命的十年里，陈先生笑称自己的"有效生命只剩下一半"，因为每个星期有三天要去医院做透析。但令人惊叹的是，陈先生学术上的累累硕果，大部分都是在这最后十年中结出的。

三十多年来，出版陈先生著作的出版单位多达十数家。自2014年北京三联书店出版"陈乐民作品"以来，作者家属又陆续整理出一批陈先生未曾公之于世的遗稿（手稿）及散落于各类刊物上的"遗珠"（十余万字），并注意到此前所出各种作品集在分辑、选篇、编排顺序以及编校质量等方面，尚有一些不够理想之处。

2018年陈乐民先生辞世十周年之际，我社有意推出"陈乐民作品新编"，陈先生家属欣然应允并给予充分配合。其实，早在1988年，陈乐民先生的第一部学术著作《"欧洲观念"的历史哲学》即是交由我社出版。陈先生与东方出版社，自有一种因缘在。

我社此次推出的"陈乐民作品新编"，是在充分参考此前陈先生各种著作版本的基础上，广泛辑佚、重新编次、细加考订、认真校勘的结果。当然，北京三联书店的开拓之功，是无论如何绕不过的，在此不敢掠美。

陈乐民先生是"一身跨两代"之人,既是"旧知识分子"的最后一代,又是"新知识分子"的第一代。在他们这代人身上,无论是新旧冲突还是新旧调适,都表现得非常"典型"。因此,"阅读陈乐民"在某种程度上就是阅读这一代知识分子的命运与思想,阅读他们一直想要厘清的新与旧、传统与现代在时代大潮中的纠葛与缠绕。

21世纪的第一个庚子年,诚为多事之秋。在此特殊时期推出陈先生作品新编,感慨良多。

谨以此集,作为对陈乐民先生九十周年诞辰的一种纪念。

东方出版社

2020年9月

目录

辑一

学哲絮语 / 003

解与悟 / 037

哲学可悟不可解 / 039

哲学的职责 / 041

一个哲学家的"忏悔" / 048

缺乏历史感的哲学家 / 053

经学与哲学疆界不分 / 055

以出世的精神，做入世的事业 / 057

何谓"理性"？ / 060

关于学习马克思主义 / 062

海涅论德国哲学
——兼及哲学与"政治文化"的关系 / 065

我读冯著
——为冯友兰先生一百一十周年冥寿作 / 074

重读冯友兰《中国哲学史新编·自序》/ 091

重读冯友兰《中国哲学史新编·总结》/ 095

辑二

求"静"/ 103

"著相"与"不著相"/ 106

无谓的争论
——陆朱"鹅湖"之争 / 108

戴东原的《孟子字义疏证》/ 110

戴东原的科学方法论 / 112

孟子与"国际关系"准则 / 117

王国维的"西学时期"/ 119

当代新儒家的哲学内涵 / 125

关于"儒学"的"创新"/ 127

"天理""人欲"辨 / 130

如有王者，必世而后仁 / 134

"内圣外王"与史官文化 / 136

养病的哲学兼及"气功"/ 138

析"理"/ 142

即物穷理 / 145

张东荪：在无边黑暗里，点燃一盏油灯 / 148

辑三

17 世纪西方哲学的重要性 / 153

伏尔泰评马勒伯朗士 / 159

马勒伯朗士的认识论 / 161

关于"怀疑" / 164

关于斯宾诺莎和马勒伯朗士 / 166

在一滴水中窥万象 / 169

莱布尼茨的"圆通之学" / 206

莱布尼茨的"普遍文字" / 211

莱布尼茨的"造化之谜" / 214

读费杂感（一）/ 217

读费杂感（二）/ 221

读费杂感（三）/ 225

读费杂感（四）/ 228

费希特的矛盾 / 232

辑四

我看康德 / 243

闲话康德 / 251

康德二三事 / 256

康德能否通俗些？ / 261

康德与自由 / 267

康德是西方的孔子吗？/ 270

康德与中国哲学 / 273

康德的道德哲学与《中庸》/ 281

王国维与康德 / 284

冯友兰与康德 / 287

牟宗三与康德 / 289

罗章龙与康德 / 294

新编版后记 / 297

* 辑一 *

学哲絮语

一

宗教与哲学是对立的：宗教有赖于神的权威，神管着理性，也管着真理，因为理性和真理都来于神启。所以宗教的"抽象思维"是不自由的。哲学本质上是反权威的，其思维是完全自由和独立的。哲学的"抽象思维"应源于彻底的理性和逻辑。

但宗教与哲学又不是对立的。宗教先于哲学，哲学在宗教内成长。宗教与哲学有共同的普遍对象。当哲学在解释宗教并使之理性化时，它与神学是混在一起的。

当哲学思维的翅膀长得强有力时，它便开始独自飞向真理的太阳：先是从神学中分立出来，然后便向宗教挑战。

哲学从神学分离，必有人文主义与之结伴而行。中世纪的唯名论哲学、索兹伯里的约翰、圣托马斯·阿奎那等等，都从神学中把"世上的智慧"分离出一部分来；因为，他们不自觉地感觉到，人世间本有许多事用不着神学去操心，于是，他们便不自觉地把"全能"上帝的智慧中属于人间的那部分分离出来了。神学家本也是"人"嘛！

但是，哲学开始真正"独立"，则是培根、笛卡尔、斯宾诺莎那个时代的业绩。

1988 年 4 月 27 日

二

17 世纪是方法论革命的世纪。

培根把感官的作用引进哲学。

笛卡尔奠定了思维在哲学中的第一把交椅的地位。

牛顿让自然哲学同新的科学原理结合。

洛克使感知、悟性和认识联结为一个有机的认识过程。

斯宾诺莎使笛卡尔的二元论向无神论方向（经过泛神论）过渡，等等。

他们的共同点是强调对身外之物的自由的推理、思维、思辨……

17 世纪方法论的革命使哲学的重心，加速地从"神"转移到"人"这方面来，使哲学从而彻底地摆脱掉"神学婢女"的地位，打开了以求知和理性为特质的欧洲近世哲学的通途。柏拉图的洞穴人决心挣脱捆住手脚的镣铐，从洞壁上的幻影走向光明，亚里士多德的"研究哲学是为了摆脱无知"，成为这个时期几乎所有哲学家的信条。

这一大批哲学家是欧洲启蒙运动的启蒙者。

不能小看了方法论的革命，哲学方法论的革命必定引出哲学本身的革命。

在中国哲学史上，从儒道释一路下来，不曾有过方法论的问题；汉学、宋学的歧异和争论，都没有方法论的问题。

1988 年 4 月 27 日

三

最近看了两种哲学史的"导言"。一是黑格尔的《哲学史演讲录》的"导言"，一是冯友兰的《中国哲学史新编》的"导言"。

什么是哲学？这是黑、冯在各自的"导言"中涉及的主要问题之一。

黑格尔认为，哲学的基础是独立的、完全自由的思维。如果思想还受着教会教条的制约，还须以"权威"为依据，或根据"一个固定的观念或前提而活动"，则哲学便仍然没有取得独立发展的资格。所以虽然宗教教义可以包含一定的哲理，艺术可以反映某种哲学的原则，小说也可以阐发某些哲学的道理，但是，这类"潜伏"的哲理都不是哲学，哲学的对象和内容是人的思想。

所以，黑格尔把到他为止的哲学分为两大类：希腊哲学和日耳曼哲学。希腊哲学把思想发展到理念，以思维为认识活动的基础。日耳曼哲学把思想发展为精神，是思维的全面的、充分的发展。实则，黑格尔所谓的"日耳曼哲学"囊括了中世纪欧洲哲学和 17 世纪的前启蒙哲学。这里，黑格尔有些地方不能自圆其说：他一方面把宗教排除出哲学史，因为宗教的"不自由的抽象推理"是局限在固定的教条之内的，是以一定前提为依据的；而另一方面，他还是把中古时期的经院哲学叫作"哲学"。因为"在经院哲学里，思想已趋于自己建筑在自己上面，但并不与教会的教义对立"。黑格尔认为东方哲学（印度的、中国的）不属于哲学史，因为东方哲学不是"真正自由"的。黑格尔把他的对于哲学的基础原则用于批判东方哲学，却不用于欧洲的中古哲学（经院哲学），这是一种偏见。

冯友兰不是从思想的自由和独立的程度来看哲学的，而是把哲学看作"人类精神的反思"，是"人类精神反过来以自己为对象而思之"。人类精神比思想更抽象。可以有各种角度的"人类精神"：完全独立、自由的思想是一种"人类精神"；"天地境界"也是一种"人类精神"；囿于某种固定观念、教义、教条，也可达到一种"人类精神"。对各历史阶段的各式各样的"人类精神"进行反思，就是哲学的任务。

因此，柏拉图的"对话"、康德的"三大批判"、黑格尔的《精神现象学》、费尔巴哈的《基督教的本质》、马克思的《关于费尔巴哈的提纲》、恩格斯的《自然辩证法》等等，都是对"人类精神"的反思。同样，《周易》《论衡》《春秋繁露》、宋明理学、《朱子语录》等等之类，也都是对"人类精神"的反思。

冯友兰对哲学的解释比黑格尔宽多了，是广义的哲学，贯通了中西哲学的共性。

他们两位有一个共同点，就是都主张哲学是思维的、论辩的、抽象的；而不是实用的、论断的、表象的。

1988 年 4 月 29 日

四

哲学，在古希腊是求知之学。苏格拉底一生的奋斗目标是求得真正的知识。柏拉图洞穴人的隐喻也是要求真知——光明。亚里士多德在《形而上学》一开头便说："人们是由于诧异才开始研究哲学"，"人们研究哲学是为了摆脱无知"。

欧洲中古哲学成为"神学"。经院派哲学，阿拉伯人、犹太人的哲学都存在于教会内，哲学须以教会的教义和教条为依据，不复如希腊哲学那样自由，而如恩格斯所说沦为"神学的婢女"。但是，中世纪绝非历史的断裂，"神学"也不可能脱离人间。索兹伯里的约翰、邓斯·司各脱、圣托马斯·阿奎那等等，在忠诚于神学道统的前提下，不自觉地把人间能够企及的智慧从"万能"的神学中剥离出来，当然是很有限度地剥离出来。教会内唯名论与唯实论之争，也说明中世纪的欧洲哲学并不是铁板一块。

达·芬奇等相信感官传导知识的功能。在海峡另一边，弗朗西斯·培根指出知识的真正来源是经验。接下来的是洛克。大陆的笛卡尔诚然给"天赋观念"留出了决定性的地盘，然而，他的摒弃一切成见、大胆怀疑，却正是为了获取不容怀疑的"真理"，他要求得到的知识当如几何学那样确定。斯宾诺莎比笛卡尔具有多得多的无神论倾向，他实际上卷入了荷兰的建立资产阶级共和体制的政治运动。他对神的存在的分析，最终会通过泛神论达到无神论，但是斯宾诺莎的哲学没有完成这个全过程。

把英国的经验哲学和大陆的思辨哲学结合起来的第一人，是最不像哲学家的哲学家伏尔泰。他在哲学上的名气也许不及狄德罗，他在法学上也许不及孟德斯鸠，在社会学政治学领域里或许不能与卢梭比肩……然而，伏尔泰以其天纵之资，成为时代的先行者，他不能容忍对人类社会、历史发展的愚昧、无知和迷信。因此他是一个最能代表18世纪欧洲思想界的天才和灵魂。

17世纪的欧洲哲学以方法论的觉醒为特征。"当思维独立地出现的时候，我们就与神学分开了……"黑格尔这样描述以培根为代表的时代。

18世纪欧洲哲学的代表在法国，欧洲进入了启蒙时期，哲学更彻底地丢掉宗教的罩衣。恩格斯说，欧洲资产阶级的思想斗争在中世纪末期还不得不穿着宗教外衣，只是到了1789年的革命才挣脱了这件外衣而独立地发挥作用。

在19世纪，欧洲哲学的重镇转到了德国。康德、费希特、黑格尔、费尔巴哈、马克思……都集中在这个世纪，集中在德国。黑格尔把欧洲哲学分成希腊哲学和日耳曼哲学，在这里，罗马哲学、英国哲学、法国哲学……都由希腊哲学和日耳曼哲学来代表了。黑格尔是很强烈的日耳曼民族主义者，在哲学领域也表现得相当充分。但是无可否认，19世纪的德国哲学是欧洲哲学史的一次大总结，是对人类思想或人类精神在欧洲进行的一次全面反思。欧洲哲学至此，从它的历史、它包容的广度，到它的认识论方法论，都被挖掘得很深很深，哲学思维完全独立自主，不依傍任何权威和教条，而只服从思维对世界的理解。

当然，思维的独立性和自为性（黑格尔语）与思维的准确性和真理性并不是一回事。马克思完成了理性主义所不能做到的，即不仅满足于思维的理性化，而且以历史唯物主义和辩证唯物主义的结合来解释和改造世界，大大地充实了理性主义。

哲学，求知之学。哲学的这一首要任务，只会随着时代的演进而更发展、更丰富，从而是时代的前导。哲学家的立场、意见可以有很大不同，而哲学之道在于不断求知，是不会改变的。知，是无法穷尽的。

1988年5月2日

五

恩格斯有言，欧洲中世纪并不是欧洲历史的断裂。这当然包括思想领域、哲学领域。

诚然，早期基督教的思想、教父派的思想不是从希腊哲学传承下来的；但是，理性和人性在欧洲中古哲学中并没有消失，也不可能从人的意识里消失。理性潜在于哲学家们所存的神的理念之中。圣奥古斯丁幻想有一个"上帝之城"，与人世对立，然而他潜在的理想是实现神统治下的"天国"

与人世的调和。在上帝的城里,寄托着尘世的最高理念。像黑格尔说的,基督教希望的是在现实中实现"天国"观念。这就是说,神和人不是绝对对立的。还是黑格尔说的:"使哲学观念的思想教养和基督教原则结合起来。"怎样实现这样的境界呢?那就要在人世间构建起神的"租界",即"教区",以便把虚幻变成现实。

然而,人间与"彼岸"是无法连接的。神里面的尘世的东西,终归不是神的东西;注在人的心灵中的神的精神,也不是神的精神,那终归是人所理解的"神",是人把"圣地想象为现实的"。基督教的绝对的、普遍的神的思想体系,总是要经过人的意识的筛选。而中世纪的"哲学"却只能在理念中去摸索,黑格尔称之为"理性的挣扎"。当经院哲学在纯粹思维中追求脱离人世的"灵明世界"的时候,阿拉伯哲学引进来了,亚里士多德悄悄地回来了,一些异教思想渗进来了,经院哲学无法保持它的"纯洁性"了。中古时期哲学中潜伏的理性基因由此显出一丝生机。

这就是说,基督教哲学以及为基督教哲学做各种注释的经院哲学,并没有割断与理性的联系;基督教哲学里寄托有人的期望。

恩格斯说过,基督教是在罗马帝国经济、政治、智力和道德总解体时期出现的。基督教与以前的宗教发生了尖锐的矛盾。世人渴望解脱,人人抱怨时代的败坏、普遍的物质贫乏和道德的沦丧。正是在这个时候,基督教以"人人易解的形式""拨动的琴弦"引起了无数人的共鸣。基督教终于在"达尔文式的思想上的生存竞争"中证明它是"适合于现世的宗教",战胜了以前的各种宗教而成为"世界宗教"。所以,恩格斯说,基督教在产生时并无欺骗成分,只是后来有了僧侣的欺诈,才使基督教走向理性、知识和科学的对立面。在这种情况下,哲学也就只能充当"神学的婢女"了。问题是,虽说是"婢女",却总有她的个性。

为什么不能挖掘一下"婢女"的个性呢?

1988 年 5 月 5 日

六

欧洲中古哲学,即所谓"经院哲学"。何谓"经院哲学"?

苏联哲学家罗森塔尔·尤金主编的《简明哲学辞典》解释为:"中世纪哲学中占统治地位的、在学院中讲学的学派的名称。当时的哲学是'神学的奴仆',因此它不去研究自然和周围的现实,而致力于从教会的一般信条中做出具体的结论,并规定人们的行为准则。"

这个定义,大体不差。

这个定义也符合黑格尔的看法。如他在《哲学演讲录》中说:"经院哲学这个名称概括了差不多一千年内基督教的哲学活动","经院哲学本质上就是神学,而这个神学直接地就是哲学"。

所以可以说,经院哲学即"关于上帝的学说"。黑格尔和尤金都指出了经院哲学是"脱离现实""脱离经验"的,只是在怎样理解神的存在和精神方面摆弄抽象概念,只是"一种无穷无尽的自问自答和在自身内绕圈子"。所以经院哲学是一种没有"真实材料"的"野蛮的、抽象理智的哲学"。

不过，黑格尔的解释多了一个很重要的内容，即经院哲学自身的矛盾。说经院哲学是关于上帝的学说，这是不错的，可是这种学说是通过人来做的。神只存于"彼岸"，人只能到"另一个世界"里才能找到神，在现世中神只存在于人的内省中。人只能在自我意识中去体悟神，并要求自己努力附和意念中的神所提出的条件，但人无论如何也不是神，人有七情六欲，所以在神人关系中便有"一个生的世界"和"一个死的世界"。黑格尔概括为"圣洁与不圣洁的对立"。十字军东征被基督教看作"神圣的事业"，然而这支"神圣"的队伍沿途到处发泄最狂热的情欲，烧杀抢掠，无所不做；只在做礼拜的那一刻按照在"彼岸"该做的样子行事，忏悔自己做了恶事。对于哲学家，自然不能用这种例子来比；然而依教义行事的学者，无论怎样脱离现实，也不可能完全弃绝世俗之念，他总要有自己的外在的和内在的经验，总有他属于"人"而不属于"神"的东西。当然在经院哲学占统治地位时，这些"世俗的东西"是受到压制的；但是这些"世俗的东西"无论多么微不足道，也包含"思想、公正、理性在自身之内"。而且这些因素势必随着时代的发展而发展。黑格尔说，到中世纪临近末期时，但丁便用"世俗的语言"写出了《神曲》。

所以在中世纪的欧洲社会里有两个"帝国"，一个是"精神兼世俗的帝国"。那种纯粹的"神的天国"是谁也没见过的。人们只见过神在地上的"天国"——教区，这是天国在人间的摹本，所以是"精神兼世俗的帝国"。

另一个是"纯粹的世俗的帝国"，它的代表是"皇帝"。"世俗帝国"理应服从于"精神的，但又世俗化了的帝国"，可是由于它们在本质上是对立的，所以服从中有对立。皇帝和教皇的冲突，实际上说明，神学的统治也不可能浑然一体。

欧洲中世纪这种固有的社会思想冲突，发展到一定程度的时候——其条件是市民社会的逐渐形成——"世俗"的、"人"的理智思维就会膨胀起来，而一步一步地挤占神学的领地，中世纪哲学便要向近世哲学迈进了。"时代的精神曾经采取了这个转变：它放弃了那灵明世界，现在直接观察它的当前的世界，它的此岸。随着这样一个变革，经院哲学便消沉了、消失了，因为它和它的思想是在现实界的彼岸。"

差不多千年的经院哲学对希腊哲学来说，是哲学史的一段岔路。希腊哲学的理性思维在这期间被神学化了，思维是围着神转的。理性的复兴，需要把颠倒了的再倒回来，使神学世俗化。用黑格尔的话来说，是世俗把教会吸引到自己中来。在神学世俗化的过程中，哲学还不能索性把神甩掉，经院哲学的幽灵还不能一下子消失干净。笛卡尔的认识论与经院哲学相悖，他的"天赋观念"却并不与经院哲学对立。欧洲近世哲学中的神学阴影还需一段时间才能涤尽。

然而，无论如何，理性精神是在觉醒了。黑格尔说："真正讲来，精神是和世界相调解了——不是潜在地，在空洞思想的彼岸中……是直接与这世界相关联，而不是与一个业已毁灭了的世界相关联。"

黑格尔对经院哲学的分析实在精彩，不仅使经院哲学变成了可以捉摸的、动态的、发展的"哲学"，而且有助于人们认识欧洲中世纪社会。

1988 年 5 月 12 日

七

一、近代国际关系史论与哲学何干？

近代国际关系史是从西欧的三十年战争以后开始的。近代国际关系的理论可以从法国作家圣皮埃尔神父算起，他的《永久和平方案》实际上就是一篇三十年战争时期的国际关系史论。卢梭批评了他的理想主义，以《永久和平的判断》为题提出各个君主国家利益的不可妥协性。康德回到了圣皮埃尔的立场，在《永久和平——一个哲学方案》中阐述了他的世界主义理想，认为人类社会从野蛮状态到文明状态，再到民族国家状态，最后到组成世界政府的大同状态，是先验理性在实践中必然的历程，是"理性的命令"。但康德是矛盾的。他一方面认为只有在"彼岸"才能有"永久和平"；同时又想通过国家的联盟的途径在"此岸"实现这种和平。在他的方案中有今天人们早已熟悉的结盟、缔约、裁军等等详细的设想。但他仍只称之为"哲学方案"。与此相联系，他认为道德和政治是一对"二律背反"，几乎无法克服。道德具有普遍性，而政治则要维护本民族的特殊权利，两者都是合理的，却是时时相抵牾的。

二、把近代国际关系的基本点在理论上讲得十分清楚的，首推黑格尔。他认为三十年战争以后欧洲国际关系的基本因素是独立的主权国家，国家因其对外关系而确证其存在。因此，国际关系或许多国家结成的体系，正好证明了国家的"个体性"和"独立性"。

黑格尔是一个民族主义者。他提出他的国家理念的完整理论是在拿破仑战争以后，他是从宗教战争以来欧洲各独立国家形成的历史来考察国与国的关系的。在维也纳会议上英国、法国、俄国都有了自己的民族国家，而德意志民族只能由普鲁士来代表，旁边还有一个比普鲁士强大的奥地利同它争夺德意志的霸权。这种状况对于日耳曼主义的黑格尔国家理念的形成，无疑是起作用的。

列宁对黑格尔历史哲学的批注这样说：世界历史是个整体，而各个民族是它的"器官"。恩格斯说黑格尔的思维方式的一大特点，就是以"巨大的历史感"作基础，他的理论有一种"宏伟的历史观，到处是历史地、在同历史的一定的……联系中来处理材料的"[1]。

三、黑格尔讲了许多抽象的东西，如说国家是"绝对精神""普遍精神"的现实化；但有些又是十分具体的、实在的，如说国家是个人利益的充分代表，集中了家庭和市民社会的利益，国家代表着决定性的意志，凌驾于宗教、贵族、平民之上。（参见《历史哲学》，英译本，第429页）

---

[1]《马克思恩格斯选集》第2卷，人民出版社1995年版，第42页。

国家代表普遍和一般，它包含了个人对国家寄予的"理念"。所以个人与国家的结合和同一，使国家有了现实性和稳定性，因为抽去了个人，也就没有了国家。

国家需要两种东西来维持：一靠"权力"，唯"权力"能使国家有权威；二靠人的"基本感情"，或曰"爱国心"及由此而来的"政治情绪"，唯此"基本感情"能使国家局势稳定。

四、近世欧洲国家脱胎于中世纪，到近世而具有"个体性"。"个体性"对外具有"排他性"和"否定性"。国家主权从本质上讲也具有这些性格。黑格尔反复讲民族国家的这种特性，也反复讲到这些特性是在不断的战争中锻就的。经过这些战争，贵族的特权被削弱了，封建阶级的私权被抑制了，领主的权威转到与国家相联系的官方（即政府）手里，新教徒争得了政治权力，于是欧洲各民族历经风暴，最终维系了它们各自的"个体性和独立性"。（参见《历史哲学》，英译本，第429、432页）

所以，黑格尔认为国与国的关系只能是主权、独立国家间的关系。现在有许许多多、各式各样的对"主权"的新解释，但无论怎样解释，都难以从根本上推翻黑格尔的这些逻辑严密的论述。例如，黑格尔如下一些话：

> 国与国之间的关系是独立主权间的关系，它们彼此订约，但同时凌驾于这些约定之上。（《法哲学原理》，第346页）

> 一个国家对其他国家来说，是拥有主权和独立的。

它有权首先和绝对地对其他国家成为一种主权国家,即获得其他国家的承认。(《法哲学原理》,第346页)

不同他人发生关系的个人不是一个现实的人,同样,不同其他国家发生关系的国家也不是一个现实的个体。一个国家的正统性,或更确切些说,由于国家是对外的,所以也是主权的正统性,一方面是一种完全内部的关系(一个国家不应干涉其他国家的内政),另一方面,同样是本质的,它必须通过别国的承认才成为完善的。但是这种承认要求一项保证,即别国既应承认它,它也应同时承认别国,就是说尊重别国的独立自主,因此,一国内部发生的事,对别国说来不是无所谓的。(《法哲学原理》,第347页)

五、黑格尔既然这样看重国家的"个体性",他对于国家间的联盟的作用自然是取批判态度的。黑格尔在形成自己的国家的理念以前,一些欧洲国家结成联盟的思想早就有了。但是他不像康德那样把联盟理想化。他认为国家联盟是可以设想的,例如"神圣同盟",但是这些联盟像"和平"的观念一样,只是相对的,有局限性的。(参见《法哲学原理》,第260页)由于国家是个体,而个性本质上含有否定性,所以即使一些国家组成一个"家庭",作为个体性,这种结合也必定会产生一个"对立面"或创造一个"敌人"(《法哲学原理》,第342页)。而且当时如果成立一个欧洲国家联盟,那也无非是荫庇一个个国家的手段,使之免遭强者的暴虐。联盟是利益的结合,其宗旨是使众多国家的独立得以护持,并且维持住联盟内部的"力量平衡",使这一欧洲体系的所有成员国可以感觉到在其中有利可图。(参见《历史哲学》,英译本,第431、432页)

这些理论显得非常严酷、冷静而又彻底,不像而今的一些理论家们那样机动灵活。但是有谁能从根本上否认黑格尔的理论呢?明乎此,则可知各种"超主权国家"的理论、学识只能"修饰"黑格尔的论点,却不能推翻它。

我难道是一个"黑格尔派"吗?如果只就这一个问题来说,也可以说我是"黑格尔派"。黑格尔只有在涉及国家问题时,才是一个明白透顶的现实主义者。

1988年5月21日

八

刘勰说:"古人云:'形在江海之上,心存魏阙之下。'神思之谓也。文之思也,其神远矣。故寂然凝虑,思接千载;悄焉动容,视通万里;吟咏之间,吐纳珠玉之声;眉睫之前,卷舒风云之色。其思理之致乎!故思理为妙,神与物游。"

黑格尔说治史有三途,成三种史。曰:"本原之史"(Original history),"反观之史"(Reflective history)和"哲学之史"(Philosophical history)。所谓"反观"和"哲学",其亦"思理"之致乎?

黑氏的历史哲学,从发展的路线看,次序是:东方史、希腊罗马史、日耳曼史。串成一条线，到了日耳曼时期，这条线就到了"顶点"，曰："绝对精神"，即绝对的理性精神，即思维的绝对自由。黑氏用绝对理性精神反观世界历史，以此来"思接千载，视通万里"，结果他的发现竟是东方史不值一提！真是狂妄得可以。西方文明从希腊始，这不成问题，西方人只要一提希腊便有"家园之感"，连美国人也把希腊当祖先看的。黑氏说日耳曼世界是太阳所照到的顶点，但那起源则是希腊。

从希腊传下的传统，可以概括为一个"思"字。"思"就是为了探索万物之理，不是把"思"限制在中国的"修齐治平"上。因思而有理性，因理性而有"人文主义"。"人文主义"虽是后来的文艺复兴的一个概念，但它的孕育则自希腊哲学始。

"人文主义"主要的一点就是要从"人"的立场，以"人"的聪明才智去观察世界，包括人的主观世界和身外的客观世界。因此，"人文主义"必是彻底地寻求知识。苏格拉底说"唯有理智是最可贵的"。他说用不着相信众人，但却要尊重那些富有智慧财富的人。苏格拉底的悲剧在于他在认识上的超前。柏拉图在《理想国》里讲的那个穴居人的隐喻，说的也是人要追求光明与真知。亚里士多德把求知看作人的本性。他说："一个人感到诧异，感到困惑，是觉得自己无知；所以在某种意义上，爱神话的人就是爱智慧的人，因为神话也是由奇异的事情构成的。既然人们研究哲学是为了摆脱无知，那就很明显，人们追求智慧是为了求知，并不是为了实用。"

后来欧洲进入了中世纪，由早期基督教义发展到很完备、很系统的经院哲学，理性的、求知的精神就受到了严重的压抑。因为万物皆备于"神"了。可是世上活着的总是"人"。所以《圣经》里的故事，也像希腊神话一样，都是从人间的故事变幻出来的。能够挥舞神杖的摩西，也是有人形的。就是早期基督教也离不开人的幻觉。圣奥古斯丁设想出来的"上帝之城"，也是参照了人世而与之相对应的。圣奥古斯丁正是因为感受到了人间的苦难罪恶，才想到一个与尘世相对的"帝都"的，没有现实的人间，"上帝之城"便没有根据。所以任何宗教都是人世的异化物，神学之为"人"学的异化物，也同此理。索兹伯里的约翰、邓斯·司各脱把思维同物质挂起了钩，经院哲学也不能不食人间烟火。

既然承认有人间，有世俗，则必定有与神学离异的意识。经院哲学中的关于共相和个相的争论，实质上就反映了有没有外离于神的意识的争论。托马斯·阿奎那固然无法得出正确的结论，但是他已不自觉地把人的意识注进《神学大全》里了。他承认在对于宇宙的认识上，人、天使、上帝可以有分工；当然上帝总是万能的，但是人毕竟可以认识不必由上帝过问的事情。于是，阿奎那便不自觉地从神学中分离出一部分凡人可以企及的知识来。

这是很有意义的。其意义也许与但丁相似。表明欧洲到13世纪，中世纪已经快到尽头了，人文主义的因素已开始发酵。世俗—人—理性，在欧洲近代思想史中可以说是"三位一体"，有着希腊哲学、罗马法学传统的欧洲文化，终将走上理性主义的道路。罗马尼亚哲学家亚·泰纳谢说，唯理论使宗教失去超自然的和神秘主义的内容的灵光圈，而历史主义则使宗教与人世的进程进行了对比，从而把宗教放在人类发展史的进程之中。

1988年11月1日

九

哲学和文化是分不了家的。每种文化都必有其哲学内核。欧洲文化的发展史有一条线串着，即理性和求知，这是一个好传统。欧洲文化是讲究思维的文化，是积极的、进取的，在思维的过程中遇到了疙瘩，不是回避它、为这个疙瘩找遁词，而是要设法弄通它。这就是说，欧洲文化有一种"向前看"的精神。当然这是从总的方面说的。"五四"时期，李大钊等曾说欧洲文化是"动"的文化、重创造的文化；虽然说得过于简略，但从欧洲文化史的眼光看，这样说是不错的。这是欧洲文化的第一个特点。

欧洲文化的第二个特点是它有自己的"根"。这个"根"就是希腊罗马文明和基督教文明的结合。基督教是从东方来的，希腊文明中也汲取了小亚细亚的文明。但这"根"是深植在欧洲土壤里的。欧洲文化和中国文化一样，是有"根"有"枝"的自成体系的参天大树。这与那些全部或主要靠外来文化的影响和熏染的文化是不同的。

欧洲文化的第三个特点，是随着生产力的进步（如产业革命）而不断更新。欧洲文化具有向外的"扩张性"和"感染力"。由于科学技术的发展，由于社会科学和人文科学的发展，也由于先进的生产力使资本主义和殖民扩张几乎同时发展，所以欧洲文化在世界文化史中居于主动领先地位（美国后来居上，但美国文化是在欧洲文化的基础上成长起来的。追本溯源，美国文化和欧洲文化属于同一源泉流出的"水"）。如果讲中西文化的交流，则中国需要吸收西方文化的，比西方文化需要吸收中国文化的，要多得多。

我给"文化"下的定义是：群居的人怎样活着和怎样活得更好这两个问题在一切上层建筑中的反映。此话拗口！或可说，"文化"来源于群居的人为求生存和生存得更好、更美而做的不断努力。

1988 年 11 月 5 日

十

冯友兰先生《中国哲学史新编》第一册第 91 页有两段话讲春秋战国时期的"人本主义因素"。冯先生说，有些材料表明，"民"和"人"被提到首要地位，而鬼神降到了次要地位，这实质上是一种"无神论"的观点。冯先生说："这是当时关于宗教的思想的一个大转变。"

在冯引材料中有一条随国季梁说的著名的话："夫民，神之主也。是以圣王先成民而后致力于神。"（《左传·桓公六年》）

把"楚武王侵随"一节中季梁规劝随侯的话引全更有利

于说清冯先生的观点：

> "天方授楚，楚之嬴，其诱我也，君何急焉？臣闻小之能敌大也，小道大淫。所谓道，忠于民而信于神也。上思利民，忠也；祝史正辞，信也。今民馁而君逞欲，祝史矫举以祭，臣不知其可也。"
>
> 公曰："吾牲牷肥腯，粢盛丰备，何则不信？"
>
> 对曰："夫民，神之主也，是以圣王先成民而后致力于神。故奉牲以告曰：'博硕肥腯'，谓民力之普存也，谓其畜之硕大蕃滋也，谓其不疾瘯蠡也，谓其备腯咸有也。奉盛以告曰：'絜粢丰盛'，谓其三时不害而民和年丰也。奉酒醴以告曰：'嘉栗旨酒'，谓其上下皆有嘉德而无违心也。所谓馨香，无谗慝也。故务其三时，修其五教，亲其九族，以至其禋祀。于是乎民和而神降之福，故动则有成。今民各有心，而鬼神乏主，君虽独丰，其何福之有？君姑修政，而亲兄弟之国，庶免于难。"

季梁说了这番话以后，"随侯惧而修政，楚不敢伐"。这段话很精彩，是古文的上选。季梁的规劝所包含的所谓"人本主义因素"，实际上是一种统治术，是说君要依靠"民"来搞好农耕，物资丰厚了，"民和年丰"了，"君"才有依靠，国家才有力量。所以只有从"修政"开始，才不怕楚国来打。"神"在这里是虚的，只看这一点，也可算是"无神论"了。不过这里的"民"却是很具体的"老百姓"，是可以使随国"粢盛丰备"的农民。所谓"民贵君轻"的"民"乃是相对于统治者的臣民，而不是与"神"的概念相对的"人"的概念，不是"天人合一"的那个"人"。因此，说当时有"民本主义因素"或许比说有"人本主义因素"更为准确。

"民本"，应该说，中国哲学（政治哲学）中有此因素。但是后来也"异化"了。一则因为统治者不可能那么办；再则因为中国哲学在发展、嬗变中愈来愈成为为政治和道德服务的"官学"。所以"民本主义"在中国历史几千年中都不可能有实际意义。至于冯先生说的"人本主义"，恐怕在中国人的意识里更只是个非常朦胧的概念。这是有待进一步研究的问题。

1988 年 11 月 27 日

十一

卢梭在法国启蒙时期"三贤"中可能是名声最著的。他这一代人在文学、哲学、政治学等许多方面都有一席地位。卢梭之所以最有名，主要是因为他更直接地启发了法国大革命的英雄们，也由于他的感情是向着平民的。所以尔后的革命者，包括马克思主义者，都对他有好感。在他同伏尔泰、狄德罗的矛盾中，支持卢梭的比较多。至少在中国是如此。卢梭到底是怎样的一位"哲学家"呢？习惯以唯物主义和唯心主义划线的人，对他的最厉害的批评是他归根到底是"唯心主义者"，是有神论者；对于他在资产阶级民主革命思想中起的作用，是没有异议的。

我比较赞同罗素对卢梭的看法,他说:

> 他是浪漫主义之父,是从人的情感来推断人类范围以外的事实这派思想体系的创始者,还是那种与传统君主专制相反的伪民主独裁的政治哲学的发明人。

这句话讲得很考究。前半句是说卢梭是很重人的情感的感情主义者。传统的理性主义依据的是"理性",在认识事物的全过程中严格遵循理性原则,而不受人的主观感情的左右。对于神学和宗教,在卢梭那个时代,争论还十分激烈,这也是启蒙运动中的一件很重要的事情。理性主义要求凭理性认识神。伏尔泰这样做了,结果他把"反神"的思想从斯宾诺莎那里大大推进一步,他从英国经验主义得到的影响也帮了他的忙。他认为"神"应是理性的化身,而不是为所欲为的权威。卢梭则是从感情的基础出发,把信仰基础放在人性的某些方面——敬畏情绪或神秘情绪、是非心、渴念之情等等——上面,结果势必维系了神的权威和信念。卢梭说,我信仰神和我相信其他任何真理是同样坚定的。当圣朗贝尔对神的存在表示怀疑的时候,卢梭高声叫道:"我吗,先生,我是信神的!"只从这一点看,卢梭与启蒙时代的精神至少不是完全符合的。罗素甚至说:"排斥理性而支持感情,在我看来不是进步。"又说,把关于客观事实的信念的依据放在内心情感上有两点缺陷。"一点是:没有任何理由设想这种信念会是真实的;另一点是:结果产生的信念就会是私人信念,因为心对不同的人诉说不同的事情。"罗素这些话,我觉得无懈可击，卢梭的浪漫主义证实了罗素的话。

后半句话是说，实质上卢梭在政治哲学上并不一定就能通向民主，却有可能通向"独裁"。人民主权是不可分割的，"每个结社成员连同自己的一切权利完全让渡给全社会"，每个人都要把自己的"人身"和"全部力量"置于"总意志的最高指导之下"，每个人只是"整体的不可分割的一部分"。那么这"总意志"（或"普遍意志"）的体现者是谁呢？这是一个既抽象又实际的问题。事实上，法国大革命的公众领袖，如罗伯斯庇尔等都以人民"总意志"的代表自况，他们就是"社会契约"的监督人。当"社会契约"的强制性无节制地施行起来，"革命的恐怖"就不可避免了。罗素说："我们看这样的制度实际上会必然造成什么情况。国家要禁止教会（国家教会除外）、政党、工会以及有相同经济利害的人们所组成的其他一切组织。结果显然就是个体公民毫无权力的一体国家即极权国家。"这也许是卢梭始料不及的，因为卢梭那样看重平等，甚至设想当人类回归到自然状态时，人类就能够真正完全平等了。然而，一个"久在樊笼里"的人设想出来的政治局面竟意外地是加给他的另一个政治"樊笼"。在卢梭的理想里有一个重现希腊城邦民主的乌托邦，这诚然是一种平民的幻想。那样的民主绝对不比后来的代议制民主更为合理可行；更何况城邦式民主比起代议制民主来固然更为"完全"，但却更加不符合理性，它所体现出的"总意志"十之八九会走样儿，异化为统治者的意志。

《社会契约论》看起来是何等"理性"的文字啊！卢梭

以为最合理的社会就该是这样的。当然，所谓"社会契约"也并不是卢梭第一个提出的，不过《社会契约论》却是写得最严谨而系统的。我在读这本书的时候，总是觉得卢梭有些一厢情愿，但又说不出为什么有这种感觉。看《忏悔录》，看《爱洛伊丝》等等，不觉得与《社会契约论》竟是同一作者，好像是两个人写出来的。其实细想想其间有相通处，卢梭是带着平民的感情写这些著作的，只是一见之于文学，一见之于政治学。

我所见到的许许多多的对卢梭的评论，都难免有些"唯成分论"。如说他由于是钟表匠的儿子，是来自"下层"、来自"社会底层"的，因而有了"战斗性"、"叛逆精神"和"傲视传统观念"的品格，并从而"填补了那个在历史上长期空着的平民思想家的席位"。这诚然没有错。但是出身贵族的伏尔泰不是同样有这些精神吗！卢梭的"平民的叛逆心理"除了着眼于对旧社会的批判和反叛之外，不免还自觉或不自觉地产生了另一种"破坏性"，即由情感出发的报复心和"平民领袖"特有的"专断性"。罗伯斯庇尔在把卢梭的思想化为行动并推向极致的时候，平等、博爱、自由的旗帜就与"革命的恐怖"结合起来了。

从卢梭到罗伯斯庇尔，再从罗伯斯庇尔到拿破仑，几乎是平民领导革命的当然道路。罗伯斯庇尔"异化"了卢梭，拿破仑又"异化"了罗伯斯庇尔。拿破仑以"革命"的名义取消了平民政治。而当感情主义与专断主义结合起来的时候，理性也就是一句空话了。

罗素是英国人，他会更喜欢洛克。他说："从卢梭时代以来，自认为是改革家的人向来分成两派，即追随他的人和追随洛克的人。有时候两派是合作的，许多人便看不出其中有任何不相容的地方。但是逐渐他们的不相容明显起来了。在现时，希特勒是卢梭的一个结果；罗斯福和丘吉尔是洛克的结果。"

罗素言重了！把卢梭的民主、自由、平等的斑斓外衣给剥掉了。这或许很难理解。放浪形骸、崇尚人情的卢梭无论如何也想不到他的学说会结出这样的一颗果实。

1988年11月29日

十二

黑格尔在《精神现象学》里讲到了所谓"精神王国"的三条认知规律。

第一是从直接性的表面知识（知性）到科学的理性知识（理性）。真正的科学的、深层的知识体现为对"内容坚实的东西"的理解、判断和陈述。有不少东西没有什么坚实的内容，只凭人的知性就可以认识了。这里说的是作为科学的知识："知识必然是科学，这种内在的必然性，出于知识的本性，要对这一点提供令人满意的说明，只有依靠对哲学自身的陈述。"所以对于任何有"坚实内容的东西"，就既不能只凭感情和热情去认识，更不能靠任何神的启示（或类似神的启示）去"认识"；否则，就只会"把他的生活与思想在尘世上的众象纷纭加以模糊，从而只追求在这种模糊不清的神性上获得模糊不清的享受",并因而确信得到了人生的真谛。黑格尔的这些意见颇形似于习说的"透过现象看本质"。问题是人们在认识某个事物时,常常习惯于(不自觉地)依赖某种"启示"而不能完全独立地只依靠科学。这样,其实他仍没有摆脱对"启示"的迷信,却以为自己的认识已经接近事物的"本质"。例如说人类历史是一部阶级斗争史,这应该是一个不成问题的问题了,然而世上就根本不存在"不成问题的问题",认识不能到此为止,不能给认识圈定界限,事实上"人类历史"的进程和内容比"一部阶级斗争史"要丰富得多、复杂得多。

黑格尔的"启示"倒是对的。知识是科学,它不能靠"感情上的易于满足"和"毫无节制的热情",尤其要使哲学"竭力避免想成为有启示性的东西"。

第二条认知规律是旧的精神的"世界结构"的被拆除和新形态"静悄悄"的发展。我们也有"除旧布新"一类的话。因此,精神从来没有停止不动,"它永远是前进运动着","慢慢地静悄悄地向着它的新的形态发展,一块一块地拆除了它旧有的世界结构"。"慢慢地静悄悄地"是说明"除旧布新"是一个过程,这个过程是进取的、批判的、理性的、不可阻止的。真正的哲学的力量在于它的普遍性。这种普遍性人们在平时可能感觉不到,而在某个特定时刻人们才突然发现自己所面临的现象、所处的世界已经改变了。但对于一个哲学家来说,则应该努力在"平时"就觉察到这"静悄悄"的过程。

黑格尔下面这几句说得实在精彩极了:

现有世界里充满了那种粗率和无聊，以及对某种未知的东西的那种模模糊糊若有所感，在在都预示着有什么别的东西正在到来。可是这种逐渐的、并未改变整个面貌的颓毁败坏，突然为日出所中断，升起的太阳就如闪电般一下子建立起了新世界的形象。

想想人类的历史，难道不是这样的吗？人的认识过程不也是这样的吗？

第三条认知规律是，新的精神在开始时的不完全和它的继续发展都是必然的。所以当一种概念被提出时，不要无条件地把它当成现实本身。"科学作为一个精神的王冠，也决不是一开始就完成了的。"同时也绝不可无条件地把任何新精神看作与旧精神完全绝缘。完全与旧精神绝缘的"新"精神必定不是自身生长的精神，而是来自异体的。例如，一个中国的学者精通了卢梭的《社会契约论》，当他据以提出某一"新精神"时，则这种"新精神"里必有属于自己的东西，是"继承了过去并扩张了自己"的结果，否则便只是简单的重复（重复卢梭或自我重复）。一个新世界、新精神的诞生和完成，都不能超越这类加工过程。

关于科学开始时不完全和尔后的必然继续发展，黑格尔也有一段很好的话：

> 科学既然现在才刚开始，在内容上还不详尽，在形式上也还不完全，所以免不了因此而受谴责。但是如果

这种谴责进而涉及科学的本质,那就很不公平了,这就犹如不愿意承认科学有继续展开的必要之不合理是一样的。这两方面(谴责科学不完全与反对科学继续发展)的对立,显然是科学文化上当前所殚精竭虑而还没有取得应有的理解的最主要的关键所在。

综合这三条——从直接性的表面知识到科学的理性知识;旧"世界结构"的被拆除和新形态的发展;开始时的不完全和继续发展的必要——其精神是进取的,是不断创造的,是新的取代旧的。这种精神在欧洲的哲学、文化史中与社会的发展和进步是相符的。就是说有一种不断探索和认识世界的习惯;知识不是自我循环,而是螺旋形上升。寻求知识的人的眼光总是投向前方的;求知的精神必是反对保守、反对因循、反对"往后看"的。

如用通俗的话解释这三条,似可说:

第一,认识是从感性到理性的;

第二,认识是以新代旧的;

第三,认识是不断完善的。

这样释义,不知是否曲解了黑格尔?

1989 年 1 月 30 日

十三

真理与信仰在人类思想史中历来占有十分重要的地位。

把信仰与求真理看成一回事，是宗教的一个信条：教义上说了的便不容怀疑；凡教义说了的便都是"真理"。在西方，希腊哲学并不曾给宗教式的"信仰"（迷信）留下很多的地盘，先哲们更看重对自然的研究，更看重为求知而求知的精神。在神学占据了思想界的主体位置、哲学沦为"神学婢女"之后，求知精神也没有因而断绝：与神学不发生正面冲突的自然科学还是在发展着的，虽然发展得可能很艰难、很缓慢。我以为，这与愈来愈多的城邦经济下市民社会的产生有很大关系。这是从十一二世纪就在孕育着的进步萌芽。西欧中世纪历史表明，文艺复兴、宗教革命的物质基础，从那时起已在静悄悄地准备着了。

在思想领域里，似乎也从那时起就有两股思想力量在慢慢地销蚀着神学一统天下的局面。所以，我觉得十一二世纪对于欧洲可能比过去从教科书上所了解的情况，要重要得多。

这两股思想力量，一个来自东方，一个来自北方，汇集到欧洲的西部。

来自东方的是带有阿拉伯文化特色的阿威洛伊主义，由此把亚里士多德的学说引进了基督教神学的大本营，希腊精神由此"渗进"西欧，同这里本有的罗马精神融合在一起。

另一股思想力量源于爱尔兰、苏格兰等北方的带有世俗精神的神学思想，它作为一种经验主义萌芽的思想悄悄地钻到西欧大陆。

这两股思想力量很可能对神学里的唯名论与唯实论的争论，起某种推波助澜的作用。所以这一切都说明，基督教神学即使在中世纪有很大权威，也并非铁板一块。

信仰在中世纪诚然占据了主要位置，但在信仰之外寻求真理的尝试和努力在朦胧中一直继续着，而且随着时代的前进，人们自然而然地把理性思维引进神学领域，而一旦试图用理性思维探讨神学问题（把上帝当作理性的化身），世俗哲学与神学的分离就是必然的趋势了。甚至神学家也承认人间的事物不一定非靠"神启"才能了解。托马斯·阿奎那可以算是一位"理性主义"的神学家，有些神学、哲学二元论的味道。他诚然认为神学高于并包容哲学，但他不自觉地确认哲学的某种程度的独立地位。邓斯·司各脱则甚至认为哲学不能确证上帝的存在，相信人的理智可以认识确定的真理。索兹伯里的约翰在神学领域里发挥了人性论，成为12世纪具有"人文主义"色彩的神学家。西班牙犹太教神学家摩西·迈蒙尼德也是一位把理性思维引进神学的"人文主义"神学家，他把理性看作可以打开心灵的钥匙。罗吉尔·培根则明确提出，要认识真理，必须通过经验；没有经验，任何事物都不可能充分地被认识。罗吉尔·培根比司各脱和索兹伯里的约翰都更明确地重视经验对认识的必不可少的作用。盎格鲁-撒克逊的经验主义的古老传统渊源之根深蒂固，是不可忽视的。

神学的理性主义必定导致神学的"异化"。一方面信神，一方面把人的哲学从神学的奴仆地位中解放出来。起关键作用的，可能（或者肯定）是把神看作理性的化身。这个趋势经过早期文艺复兴的思想家们——达·芬奇（感觉经验是知识的唯一源泉）、伊拉斯谟（盲目信教等于"发疯"）等等——到弗朗西斯·培根（知识就是力量）、笛卡尔（必须破除旧有的意见以认识存在）、霍布斯（物体不依赖我的思想）、斯宾诺莎（实际生活的认识来源于经验）、洛克（知识和观念来自感觉和反省，而不是天赋的）等等，愈来愈明显：无论是海峡另一岸的"经验主义"还是大陆的"理性主义"，都为破除神学的一统权威做出了贡献。并不是哲学家们已不再信神，而是主宰他们的思维的愈来愈是理性，而不是"神启"。伏尔泰说得好：把信仰和求知分开了——信仰属于神学问题、宗教问题；求知是理智问题、理性问题。

求知和信仰的分离，是人的思维从盲从到科学的必由之路，是思维的解放。因为信仰是无条件的，对神的信仰是不受理性制约的；无论神怎样有悖于人之常理、常情，信仰都不应有丝毫动摇，否则就是对神的不敬，甚至是"渎神"。早年苏格拉底就是死于雅典式民主的愚昧之中。对神的信仰能够可以达到愚昧的程度，直至扼杀活生生的人的灵感。求知则是有条件的，那就是所求的"知"若不是"真知"，人们就有权不承认它是"知"。所以在神权的统治下，信仰与求知常常不能二元并存。因此，伏尔泰就提出了"把信仰交给神道，把求知交给理性"的办法。在神学依然有影响的时代，这样提自然无异于向神学挑战。

其发展趋势必然是，对于哲学家思想家来说，"信仰"的地盘越来越小，独立思维的天地越来越宽阔。哲学家心目中的"神"，只是在他们的思维到了尽头再也深不下去的时候才出现的。康德在三大批判已经穷尽时才提到"神"，他的"先验理性"的顶端才有"神"护卫着。在他的整个思维过程中，他依靠的是自己的思想的独立运动，是不依靠对神明及其启示的"信仰"。

这种独立的、自由的思维传统是西方文化自希腊时期以来长期形成的。这个长处恰是中国式思维所缺少的。中国的宗教传统与西方的不同，中国式"信仰"带有对世俗权威的敬畏色彩。中国的"神"是为人服务的，是所谓"民"为神之主，"小信未孚，神弗福也"。这个"神"很模糊，是所谓"泛神"，比西方的"上帝"空洞得多。真正的、有强制力的权威是世俗的。对中国封建社会的文人来说，他们敬畏的"权威"不是神，而是"经"。"我注六经"也好，"六经注我"也好，"信仰"的对象是圣人之书（虽然圣人之书又吸收进了道释诸家，但"六经"的神圣地位几千年无变易）。

这个传统没有遇到过理性的挑战。历朝历代的哲学家们对圣人写的书作考释、注解、发挥，有所发明也不能违背圣贤之书的精义。从前的人这样读书，这样思想，直到与西学相遇，延续了数千年思维模式的完整性才算给打开了缺口。

然而以"权威"为依据的思维习惯并没有彻底改变。对于某些人说来，可能从"子曰"解放出来，却又掉进"亚里士多德说"的习惯模式里。现在有些熟习西方当代哲学的人，言必称"马克斯·韦伯""哈耶克"等等以自诩"新潮"，差不多无异于一种对"新"经的依傍，同样没有解放思想。

彻底的理性思考必须是彻底的独立思考。它当然不能是毫无根据的胡思乱想。所谓"独立思考"的意思，是与基于"信仰"的"思考"完全不同的思考。

这个问题好像至今在人们的思想方法中也没有完全解决。所谓"无一字无来历",常常被理解为到权威性的语录中去找根据,否则心里便不踏实。"实践是检验真理的唯一标准"和"不唯上、不唯书,要唯实"等语已是人人可以倒背如流了,但真要做到,还差得远。原因固然很多,我们在思维方式上的传统习惯可能也是相当重要的原因。

1989 年 2 月 9 日

解与悟

中西文化间的沟通问题，有一个解悟问题。

"解"，《说文》："解，判也。从刀判牛角。"

"悟"，《说文》："悟，觉也。从心吾声。"

西学多可解。即令十分抽象的玩意儿，也可解。有解方有悟。中学则每每须更多求助于"悟"。光有解还不行，而且有些只能"悟"而不能"解"。西学只有发展到抽象画派才有直觉的"悟"。表现为语言文字的，则中国是早就超过了西方。李商隐的诗，许多是可悟而不可解的。再早些，《庄子》里许多话都是可悟不可解的。《易经》更是如此。

西方人学中国的东西，难就难在这里。中国人学西方的东西，相对说来比较容易，原因之一就是西方的东西可以"解"，并由"解"达到"悟"。中国的东西有时可以把"解"跳过去，或绕过去，全凭悟性。"解"比较能摸得着，"悟"却不能。

从龙华民到马勒伯朗士，再到莱布尼茨，都是通过宋明理学和心性之学来了解中国文化的，却解不到一处。原因之一是中国哲学有不可解处。"问渠那得清如许？为有源头活水来。"若逐字译成外文，那只能是一幅很清新秀丽的风景画。

然而，悟，便含有悟者的主观成分。即含有本人从自我省悟去格义对象物的成分。例如，莱布尼茨就是以"先定和谐"论来对待中国的，所以他可以把罗马教廷视为异端的中国礼仪看作"自然宗教"而予以容忍，并且把中国的心性之学与基督教义吻合起来。但是这样的"悟"却往往是仁者见仁，智者见智。

1992 年 2 月 14 日

哲学可悟不可解

哲学，无论是中国哲学、印度哲学，还是西洋哲学，都是可悟而不一定可解的。哲学要打破砂锅问到底，但是永远也到不了底。冯友兰先生把哲学的道理讲得很透，他能够深入浅出，听起来很顺，但是对于人心人性之学，对于哲学的最高境界，还是要靠"悟性"。可悟不一定可解，或者说是可以因悟得解。中国哲学尤其是如此。所以，中国哲学确实具有很大的包容性和伸缩性。因此对中国哲学能深通者是可以理解西方哲学的。不是翻译，而是悟解。

有些人以为中国不研究"本体"，其实，老庄的"道体"、宋明理学的"心学""性学"都讲的是"本体"，以别于万象和殊象。中国哲学至大至博，无所不能容。海德格尔用的许多概念，都可以在中国哲学里碰到，只是用词不能对号。老子里的"道"就相应于海德格尔的"sein"（Being）。"道大、天大、地大、人大"，域中四大，人居其一。"人法地、地法天、天法道、道法自然"，几句话可以成为海德格尔哲学的提纲。

于是，我可以修正一个看法，我一向认为中西文明可以交流，但不能融通，各有各的体用。所以，"中学为体，西学为用"之说每每要碰壁。但是一进入哲学领域，进入到相当深的层次里,却是可以打通的,就是说在研究的最根本问题上,能够找到相通点。然而由于概念的表述不同,不可能在两种哲学中找到完全相应的概念。语言文字的差异增加了理解上的困难,甚至产生误解也是必然的。

有些东西只能感觉得到,或感悟得到,却无法用语言去解释。

1992 年 6 月 24 日

哲学的职责

吾友蔡鸿滨译法国米歇尔·塞尔1982年著《万物本原》是一本十分有趣的书。"Genese"译为《万物本原》，也极好，体现出书的主旨是"繁多"。

"繁多"的法文是否即 multitude？

"繁多"或许可以作为一种宇宙观。人生和世界的最大特点，就是"繁多"。一个人自呱呱坠地时起，就面临着"繁多"，他一生的经历充满了"繁多"，活到了70岁，仍被"繁多"紧紧地包围着。莱布尼茨把宇宙的基本单位叫作"单子"，物质的单子、精神的单子。由此他给了世人一种生于斯居于斯，却并不自觉的启示，那就是时时处处（无时不在、无处不在）的"繁多"。

"繁多"不仅仅是数字的概念，而是指充塞于空间的不可量数的多种多样。目之所视、耳之所闻、肌肤之所感受，已是人不可能穷尽的"繁多"；更何况，在目视、耳闻、身受之外还存在更加无比繁多的"繁多"呢？这就是说，人除了靠目之所视、耳之所闻、体之所感去体验"繁多"——例如，莱布尼茨说，你不能发现两片完全相同的树叶——之外，更加重要的，是在意念中深深领悟什么叫作"繁多"。"繁多"就是"大千世界"。诚然，如果站在"世界"之外去俯瞰我们的星球，我们可以说看到了"一"，离得越远，越看到的是"一"。"一"是"混一"的意思。

"混一"或许可以有两种解释：一是指把"繁多"包裹起来的"外壳"，"繁多"统一在"混一"里。"星外人"看地球，是个"混一"；"星外人"没有看到"混一"的地球上实存的"繁多"。再是指世界、宇宙生成的过程，是从"混沌初开"的"一"起始，进而衍生为"繁多"。就如《易传》第一句说的："大哉乾元，万物资始，乃统天。"朱熹解释说："元，大也、始也；乾元，天德之大始，故万物之生皆资之以为始也。"这里的"元"即塞尔书中的"一"；这里的"万物"，即塞尔书中的"繁多"。无论两种解释中的哪一种，都说明"一"与"繁多"是相对的。哲学家要深究"一"和"繁多"两种概念的互斥与兼容，可以讲出许许多多的玄妙的哲理。塞尔则要从这一哲理中告诉人们要注意"繁多"，要理解"繁多"，要适应"繁多"，要发展"繁多"。社会，如果没有了"繁多"，那将不成其为社会；文化，如果没有了"繁多"，将不成其为文化；星球，如果没有"繁多"，那就永远停留在"混一"的状态中，没有生命、没有力、没有精神，那就将是一块冰冷的石头。所以，"繁多"就意味着生命的跃动。

塞尔的书屡次提到巴尔扎克的中篇小说《玄妙的杰作》，矮小老人的那幅杰作，表现的就是"繁多"，他从横七竖八、五颜六色中看到没有比这更美的美人了，但另外两个晚辈画家看到的却什么也不是，只不过是"一堆乱糟糟的颜色、深浅不一的色调和隐隐约约的明暗变化"，幸亏他们终于在画布的一角发现"一只纤弱可爱的脚",这个"细部"总算使他们佩服得目瞪口呆,"这只脚露在那儿,就好像某个用帕罗斯大理石雕塑的维纳斯的半截身子露在遭火劫的城市废墟上一样"。"繁多"看来什么都不是,在常人眼里,矮小老人的"杰作"画的是不确定的东西,只能辨认出一只美人的脚。然而在老人眼里,那一堆没有确定形式的"颜色",才是"杰作"之为"杰"(chef)的所在。

塞尔借助巴尔扎克歌颂"繁多",没有"繁多",就没有老人的"杰作"。"繁多"在声觉中的表现,是"噪声"。那是多种声音的混合体:里面有愤怒、有凄厉、有哀愁、有号泣、有大喊大叫、有窃窃私语、有大笑、有狂欢……人的最原初的感觉便是声音,人一接触了声音,就立刻接触了"繁多"。于是塞尔说:"嘈杂的、无序的、喧嚣的、闪色的、带虎纹的、有条纹的、杂色的繁多,五色缤纷,斑驳陆离,它就是可能性。它是一组可能的事物,也可以是一切可能的事物的总体。"

"繁多"就是"可能性",是一切生机的体现;维护"繁多"就是维护"可能性"、维护"生命力"。由此,塞尔描绘了哲学家该是怎样的人,他写道:

> 哲学家的职责,哲学家的关心和热情,就是尽力保护可能性,像保护幼儿一样保护可能性,像对待新生婴儿那样关心可能性,他是种子的保管者。哲学家是牧人,他在山岗上放牧,他的畜群混杂着多种可能性,诸如怀羔的母羊,微颤的公牛。哲学家是园丁,他想方设法通

过杂交繁殖新的品种，他保护原始森林，他防备恶劣天气变化，他带来历史和季节变化的新时刻，报告丰年和荒年，哲学家是繁多性的牧人。

他说了一句诗一般的概括的话："哲学是可能性的贞女，在困难的时代，她也守卫着圣火。"

哲学鼓励尽可能多的提供选择的"可能性"，不为"可能性"设置任何界限。因此哲学可能包括真理与谬误，在找到准确的目的地之前，它必须游离于许多无法预料的不稳定状态当中，所以必定是探索的、开放的、不停顿的、无止境的探索精神，这就是哲学要守卫的"圣火"。

所以哲学家与政治家不同。"政治家的职责是要明智"，因为他要做出选择，他不能像哲学家那样去尽可能追求"繁多"和多种多样的"可能性"。所以政治需要理性；哲学需要理性，但并不限于理性。塞尔在这里有一段话比较政治学和纯哲学的关系：

> 为了保持稳定，保卫理性，政治把可能性大加削减了；经济、宗教、军队、朱庇特、马尔斯和奎里努斯，还有综合三个主神为一体的当代的行政管理，凡此种种，其职责和热情就是要压缩繁多性，缩减可能性，力求汇合聚集起来。权力的社会职责就是要侵蚀时间。科学也在合谋，虽然它修剪分权是为了进一步接近它所探求的真理。哲学家则是繁多性的守卫者，因此，他也是时间的牧人，他尽力保护多种可能性。这就是为什么哲

学家既不会拥有职权，也不会拥有权势。他第一次经历哲学与国家分离。他呼唤科学，以便使科学为他所用，属于知识一类，也就是在创造能力一边，而不是在监督控制一边。

哲学与科学也不同。科学同样是理性的产物，科学要按照科学自己的方式去思考客观事物；哲学却不接受固定的方式，它不仅要思考科学所思考的东西，更要思考科学暂时没有思考或者遗漏了的东西。让哲学履行科学的职责，是滑稽的；但是哲学可以帮助科学从思想的束缚中解放出来，因为哲学不仅限于科学实验的规范，不仅不必遵照理性主义所设下的程式，而且是不受约束地、不为某一先定目标地思考各种可能性。因为任何一门科学都有自己的职责局限，只有哲学才面对无止境的充塞于空间和时间的"繁多"。塞尔说："我们要思考繁多的本来状况。现在在人文科学领域里需要有繁多的概念。"于是他说："要用科学的思想思考，但是主要是在脱离科学思想的情况下思考，要善于摆脱窒息思想的清规戒律，但是也要善于调节这样的自由。在有创造性的理性面前，只有针孔大小的余地能够通过，这是严格规定的有节制的自由。"所以他认为"哲学是走在时代前面的"，"哲学只有在投入繁多性时才能超越历史"。

哲学上的"繁多"表现在人类历史的规律上便是"喧嚣与躁动"。巴尔扎克《玄妙的杰作》中矮小老人那幅谁也看不出所以然的如同喧嚣海洋的画面，就是历史的总体。历史无所谓"规律"；如果有，那就是"喧嚣与躁动"：

不,历史不是由神的要求、朱庇特的要求而产生的,历史不是神学。不,历史不是由战争的要求、马尔斯的要求产生的;历史不是来源于斗争,也不是来自竞争。不,历史不是由经济的要求、奎里努斯的要求产生的,历史不是生产劳动的结果。历史产生于喧嚣与躁动……历史不是由某些要求产生的,而是由环境产生的。

这里的"喧嚣与躁动"有两层含义。第一就是与宇宙生成论相连的"混沌初开,乾坤始奠";在这一点上他支持康德的自然界原始状态的学识。而第二,他不仅否定康德的天体运动在行星系中的规则性联系,而且在历史观上不同意康德的"从低到高"的"合目的论"。他认为,历史没有那样理性、那样有客观规律,用概念圈套历史,会歪曲历史。所以历史里充满了反复,有前进也有倒退,具有无法预料和不能确定的性质。他说历史像一条大河,离开源头时是一片喧嚣,跳跃躁动,时而转为波涛起伏,或旋转成为漩涡,这些都是大河的喧嚣本性。喧嚣可发为狂怒,可发为焦虑,可发为暴力,历史便是制伏喧嚣而不可改的历史。政治权力(朱庇特)、武力(马尔斯)和生产(奎里努斯)等等都是在喧嚣中产生的,但是谁也不能制伏喧嚣和躁动。那么,是否可寄望于新的阶级革命呢?

塞尔把他的"繁多性"哲学套用在历史上,便形成了一种不知原始、无秩序、无规律的能自为的历史。这里有个矛盾:"繁多性"意味着"可能性",那么"喧嚣与躁动"在历史上又意味着什么呢?然而,人类历史是有亮色的,.塞尔相信,有序产生于无序,焦虑将推出变革,因为维纳斯从海面升起时的大海本是一片喧嚣和波涛汹涌的。哲学的"繁多性"中该当包括这样的"可能性",虽然它一时还只是梦幻。哲学家有责任去预言这美丽的梦幻。

1997年2月24日

一个哲学家的"忏悔"

前几天几个相熟的朋友在一起闲谈,议论西方有哪些学者算是"后现代主义者",其中提到法国的"结构主义的马克思主义者"路易·阿尔都塞。我说我二十来年前曾见过此公,就在他"杀妻"的头两年。阿尔都塞是否属于"后现代",我说不清,至少沾点边儿吧;他是近若干年来被我们这里的"后学"专家们奉为"大师"的福柯的老师。

刚巧,我从一位久居北京的法国朋友处借到一本阿尔都塞生前写就、才出版不久的自传体"忏悔录",书名《来日方长》。我对这本书之所以有些兴趣,只是因为我同作者有过一面之缘,而且这本书重在叙事,是我能看得懂的。那是1977或1978年我去巴黎开会,有朋友说阿尔都塞提出很想见一位从中国来的中国人。我于是"奉命"在中国驻巴黎大使馆的接待室里跟他交谈了一个多小时。

他的来意很明确,就是想听听刚刚结束的"文化大革命"到底是怎么一回子事。他说他很崇拜毛泽东,喜欢《实践论》和《矛盾论》,因为与他有不谋而合的地方。问题是他搞不明白,这样的哲学怎么会弄出个"文化大革命"那样荒唐的事来。分手时他送我一本他的书,可惜我不但记不起那长长的书题,而且连书也被我放到不知什么地方了;真有点对不住他。最后，他很诚恳地说希望有机会到中国看看，不过现在还不行，因为法国共产党与中国的关系还不正常，而他是法共党员。他说，他是最早看穿"斯大林主义"的，因此不为当时的法共领导所容，被视为"异端"；后来法共也公开批评斯大林了，但他的"异端"帽子却没有因此被摘掉。

就在这次见面的两三年后，也就是1980年的某一天，忽然听说他把年长他八岁的妻子艾莲娜硬是用双手勒死了！这消息不免使我愕然，哲学家与"杀人犯"怎么连得起来！后来查出他当时是精神病发作干的，所以法院宣布"不予起诉"，他随即被送进医院。

1991年我去巴黎，住在十四区的PLM旅馆，所在的那条街虽然比不上繁华热闹的街衢，但也是车水马龙的。不料在旅馆后面竟有一条非常宁静而整洁的小街，那里有一片别墅般的园子，透过紧闭着的镂花铁门，可以看见园内有两排高高的杨树和树间的一条小路，长近200米，笔直地通向一座古朴的小楼。时值初冬，落叶散在地上，略显几分凄清。这原来就是圣德-安娜精神病院；阿尔都塞生前不止一次住在这里。据说，福柯等人也住过。（怪事！为什么这些个"思想家"心理都有点毛病？）

阿尔都塞对于"不予起诉"并没有觉得丝毫宽慰，因为这反倒剥夺了他辩白的机会。他对妻子的感情很复杂，既有爱恋，又有敬畏；二人性格相左，谁也容不得谁，相互折磨。阿尔都塞曾移情别恋，但不成功；曾一度分居，又彼此想着对方。他事后自述，那天清晨，艾莲娜还在熟睡，他照常去抚慰她，不知怎的，那双手在妻子的颈部由抚摸转为勒紧，他一下子清醒过来，发现妻子已经咽了气。他惊恐万状，大叫："我勒死了艾莲娜！"

阿尔都塞从1985年起在精神极度疲惫和痛苦中着手写这部把自己和盘托出的自传体"忏悔录"。他在"卷头语"中说，假如要受审，这书就是他在法庭上的陈述；由于不起诉，他不愿意把自己包藏在心里，而决意把自己暴露在世人面前。埋在心底的痛楚是最难忍受的，这大概就是他写这本书的用意。我匆匆看过，决定推荐给一家出版社，并为它找了一位严肃的译者。

人们常说，人活一辈子真不容易；而了解一个人，特别是他为什么做出有悖常情常理的事来，则更不容易。阿尔都塞是哲学家，照理脑子该当清醒而健壮，然而他却"清醒"到了精神不正常的程度。他的童年和少年是在极为扭曲的家庭环境中度过的。父亲像个暴君，性情乖戾，对待妻子和儿子十分粗鲁。母亲是个慈爱贤惠的传统女子，心里一直念着死去的前夫——阿尔都塞的叔父——所以便用前夫的名字"路易"作了儿子的名字。母亲爱他，实是交叠着对两个人的爱。而阿尔都塞自幼养成了"俄狄浦斯情结"，性格内向而怪僻。这种深深的心理病态影响了他的一生。步入社会后脑子里又充塞进太多的相互冲突的思想和信仰，绞在一起不能自拔。

巴黎高等师范学校是培养哲学家的摇篮，20世纪不少稀奇古怪的新思想多出于此。阿尔都塞在这里接受了系统的古典哲学教育，结识了从尼采到胡塞尔的哲学，结交了拉康、康吉兰、巴特、福柯等与他差不多同期的"新思潮"学者。他的家庭是传统的天主教家庭，在青年时期本来对教义笃信不疑。第二次世界大战初起应征入伍，立马被德军俘获，在德国关了四年。战后，他认识了参加"抵抗运动"的艾莲娜，被"爱情之箭"射中。正是在这时，阿尔都塞的"天主教的脑壳"里随着爱情渗进了"马克思主义"。那时的法国知识分子普遍左倾；对于青年阿尔都塞，基督教义和马克思主义有如鱼与熊掌。后来舍一取一，索性加入了法国共产党。

然而很快他便发觉有些事不大对味儿。他是最早对于法共领导唯斯大林马首是瞻持怀疑态度的人。例如，他发现当时相当于"共产国际"的九国情报局派来的代表，一个捷克籍小青年居然颐指气使地对法共领导发号施令，连多列士总书记等人也不得不敬他三分。

阿尔都塞因对许多事不解而苦恼。他理解哲学说到底是政治，可是哲学和政治偏偏总是"两张皮"。于是他下决心要钻进马克思的"内心世界"，去观察马克思观察外部世界的"内心体验"。由此他成了"结构主义的马克思主义者"，并以《保卫马克思》和《读〈资本论〉》两书名于世。他时而清醒，时而精神恍惚；清醒时钻哲学，迷糊时住精神病院。我跟他见面的时候，自然是他神志清醒的时候。

看完这本《来日方长》，我的一个很突出的感想就是，人是需要学会"忏悔"的，当然是真诚的"忏悔"。"忏悔"就是如实地剖析自己；同时对于别人的真诚自责，也不要苛责，因为谁都难免有自己的一段不是人人都能理解的"非常时期"。阿尔都塞写完这本书之后，肯定心情轻松了许多，平静了许多。他写道：

> 生活，尽管坎坷，仍然能够是美好的。我已经67岁了；虽然青春不再，但是在感觉上，我还是我……不管烦心的事是否即将过去，我自觉永远年轻。

他好像完成了一件令他心衰力竭的工程，释然地长出一口气："是的，毕竟来日方长！"

果然，他获得解脱后立即又投入紧张的哲学研究工作。不过他的身体已坏到了极点，还动了一次食道切除手术，以病废之身写了《待定的唯物主义》《哲学家马基雅弗里》等的文字。生前出版的最后一本书是关于哲学与政治问题的谈话录。他于1990年因心脏病突发撒手人寰，时年72岁。自他勒死艾莲娜后，报刊评论一直包围着他。其中一家报纸用《疯癫、共产主义、爱情》的大字标题评述他的一生；意思是哲学家的脑子乱了套，以致用爱抚的办法杀害了最亲近的人。

他死后，他的侄子弗朗索瓦·鲍达埃尔把他的全部私人档案，连同大量未定稿，悉数捐赠给"当代回忆录编订研究所"。1992年4月，《来日方长》首版问世；同年秋季，"阿尔都塞之友协会"成立。

阿尔都塞生命的最后五年可能是一生中"心理障碍"最少的时期；他解脱了，但死神却逼近了。

1999年5月

缺乏历史感的哲学家

日前与一位法国汉学家舍弗里埃交谈。他提出一个看法，说哲学应该与历史相联系，缺乏历史感的哲学家，往往陷在脱离时代的抽象概念里不能自拔。他说黑格尔对于东方哲学的看法就犯了这个毛病，因为他不大了解东方很有光彩的历史。黑格尔是西方中心主义者，他对于东方历史的认识是很肤浅的。

其时，我正在看有关斯宾诺莎的材料，如果不懂那个时代的欧洲史，理解斯宾诺莎的意义也就有限了。例如，斯氏在1665年开始写《神学政治论》，向传统神学叫阵，这就是历史背景。而历史背景通常又总是政治的背景：《神学政治论》是为了配合联省（荷兰）共和国首脑詹·德·韦特的共和主义政治主张而写的。这对斯氏的一生都是一个重要的举动：他先是从科学和宗教两个方面接近哲学，后来则转向对宗教的分析和对教会的批判，目的是争取哲学家的思想和言论自由。于是哲学斗争和政治斗争就结合在一起了。

中国的哲学历来大半是政治哲学，或说，政治哲学是占上风的。这与"士"和"仕"是连在一起的。"学而优则仕"，即使是未"仕"之学，或不"优"之学，眼睛也总是看着官的。中国古之有名的文人，不做点官的布衣很少，隐士也多是由于种种原因进不了宦途才隐居山林的。

西方哲学之反映政治，则不见得是哲学家想做官，倒常与某种政治理想有关。斯宾诺莎是其中一例。伏尔泰、康德都不想当官，但都有自己的政治理想。黑格尔之蔑视东方哲学（也蔑视东方历史）与他的抬举西方文明有关，而在抬举西方文明时又把日耳曼文化看作"绝对精神"的最高代表，终是为大普鲁士的民族主义服务的。在黑格尔的理念中，哲学、历史、政治"三位一体"地结合在西方主义里了。

舍弗里埃说的脱离历史感的"哲学家"，在中国是不少见的，但是非政治倾向的哲学家却不多。就是在探讨哲学问题时也总要牵扯到现实政治上去。有些哲学研究者们，即使在研究西方哲学、穷究其名词概念时，也要直接地或曲折地攀附到政治上去。"纯粹"的哲学家比从前少了。

有人说，西方哲学讲"分"，中国哲学讲"合"；西方哲学主"动"，中国哲学主"静"……这都是现象。深究起来，并不尽然。倒是当代某些时期的中国哲学，自从引进马列主义以来，一度习惯了"斗争哲学"，经常是无处不"分"，无处不"动"，无处不"斗"了。

1988 年 2 月 10 日

经学与哲学疆界不分

胡适说:

> ……经学与哲学的疆界不分明,这是中国思想史上的一大毛病。经学家来讲哲学,哲学便不能不费许多心思努力去讨论许多无用的死问题,并且不容易脱离传统思想的束缚。

其言甚是。那是因为中国的哲学源于经学,而且就在经学里,和其他许多别的东西都混杂在其中。西方的哲学也曾混在神学里头,成了"神学的婢女"。不过有两点不同。其一,西学在基督教神学以前即有一定的分科,哲学已有独立性,且是统领其他学科的。如柏拉图、亚里士多德皆是。至少,哲学和政治学是分开的。亚里士多德的《形而上学》和《政治学》各有分课;而中国古之六经是文史哲不分的,中国的哲学思想都通过经学来表达。其二,西方哲学摆脱神学的束缚而独立得比较彻底。中世纪以后,神学仍是宗教的,哲学则日益成为世俗的。而中国哲学则一直到西学引进之前一直是经学的附庸,似乎没有它独立研究的独特领域。中国传统哲学的思想家们都是在注经、解经中分出门户来的。两汉有今古文之辨，宋元明有"理学""心学""性学"之别。然而都是打着经学正宗的招牌来自我表现的——所谓"我注六经"和"六经注我"。仍是胡适说得好："名为解经，实是各人说他自己的哲学见解。各人说他自己的哲学，却又都不肯老实说，都要挂上说经的大帽子。"西方哲学在与神学分离后，也有一个时期挂着上帝的招牌，但是逐渐挂得越来越少，直到微乎其微。从笛卡尔到莱布尼茨，都不能割舍神的影子。但那较之中世纪，哲学已有了自己的面貌。到18世纪，可说是面目一新了。

中国哲学则不然，直到19世纪中叶的阮元还在那里解经。戴震企图靠解经来建立起反玄学、反理学的新哲学，并没有成功。于是中国哲学便在终于没有建立起自己的理性主义的情况下迎来了西方哲学的冲击。因此，在经、哲一肩挑之外，终于未见自己的理性哲学。

经学的势力和实力实在太强大了，从两汉以降，又有几次加强；如果不加外力，很难设想怎样能从自身裂变出经学的反动来。

1993年8月5日

以出世的精神，做入世的事业

有些书是常读常新的。在我的脑子里存放着一套大书，我给它一个总名称，叫作"康德卷"，它包括康德的《纯粹理性批判》《实践理性批判》《判断力批判》和一本"伟大的小书"：《道德形而上学原理》。

这些书几乎成了我的案头书，经常地翻翻看看。久而久之，我产生了一种驱之不去的情结。就是把读书治学，统统都习惯成自然地纳入了"鉴赏判断"的范围里，我在研究所的时候，以及尔后退休当了类似"自由撰稿人"的时候，我都把自己做着的事情赋予一种"审美"的情趣。如果做一件事，丝毫没有"美感"，做起来如牛负重，还有什么意思呢？

"鉴赏"在英文是"taste"。没有了"taste"便意味索然了。我仿佛越来越理解康德老先生为什么写完了"纯粹理性"和"实践理性"，还要写个"判断力批判"，只有这样才算完成了真善美的整个体系，而那"审美"的情趣，分明是最为圣洁的精神境界。

"鉴赏判断仅仅是静观的"，"对于美的欣赏的愉快是唯一无利害关系的和自由的愉快"。这两句话实在太关键了。可以说这是康德为人治学之所以达到炉火纯青地步的根本原因——把一切世俗利害都视为身外之物。

我不知道多少遍地玩味着这几句话："有两种东西，我们愈时常、愈反复加以思考，它们就给人心灌注了时时在翻新、有加无已的赞叹和敬畏：头上的星空和内心的道德法则。"这是康德纯粹理性哲学建构中的自然哲学和道德哲学的诗化概括；既是对人类命运最深沉的关切，又是涵盖宇宙的博大胸襟；是以美学的判断精神去探求人世间最圆满的崇高。

于此，我联想到朱光潜先生早年提出的"以出世的精神，做入世的事业"。我说不清这句话与康德的渊源，但是可借用来为康德的一生写照。

引申开来，恐怕做学问（甚至做任何事）要能做得彻底，总得有这么一股傻劲。

我不是哲学家，充其量不过是个"哲学票友"。我喜欢看各种书，大多数书看过就放在一边了，但是总有那么一些书，是经常要翻翻的。在西洋的书里，首先便是这些我名之为"康德卷"的书。一则因为它有"净化灵魂"之功；再则，无论看什么书，我都会以这样或那样的方式通向康德。

现在弘扬传统文化，当今真要做到弘扬，也必以中西汇通为大背景，才能登高望远，而不失之褊狭。

王国维先生说，欲通中国哲学，非通西洋哲学不易明。"近世中国哲学之不振，其原因虽繁，然古书之难解，未始非其一端也。苟通西洋哲学以治吾中国之哲学，则其所得当不止此。异日昌大吾国固有之哲学者，必在深通西洋哲学之人，无疑也。"

而"通西洋哲学"，我以为首在通康德。牟宗三先生以康德为中西哲学之桥梁，实为见道之论。至少，以康德与宋明理学相参，便会有"此心同也，此理同也"之感。

1997年4月8日

何谓"理性"？

"理性"现在已用得很平常了。理性当然很接近于"理智"。比如，两人争吵，迅速升温升级，第三人来劝架，说你们都"理智"些好吗？这"理智"或有两解：一是大家都讲些道理，意思是彼此都让一步，让事态平静下来，这其实已离开了"理智"的本意。再一种是按照事物的本来面目去理解，都回到事物之真实上来，这就要应用人的智能（intellect）去理解事物。

然而，理智还并不等于理性。理性似乎还多了一层"先天"的含义。即受之于天的掌握自然规律的能力。自然有自然的规律，社会有社会的规律，能够参透此理的，非人力所能为，但人可以秉承上天的点拨不断地去接近这些规律。这样的理性，在古希腊已经有了。柏拉图的《蒂迈欧》对话中在讲到神安排宇宙万物时说，"有生灭的形体内的灵魂，最初是没有理性的"。"理性"是怎样注入到灵魂中的呢？蒂迈欧说："只要营养物的吸收和体格的发育趋于缓和，灵魂的运动平静下来而纳入了正轨，并且随着时间的进展愈来愈趋稳定，那么到了最后，各个方面分别按照自然途径进行运动，灵魂的运动也就有了秩序，对于'同'和'异'也能作正确的称呼，于是就使人体成了具有理性的东西了。如果他的灵魂在上述这个情况之外再加以正确的教养或教育，那么他就成了十分坚强而完美的人，并且解除了一切病患中最大的病患。"这"最大的病患"就是"愚昧"。

这是我见到的古希腊意义上的对"理性"最通俗易懂的解释。它说明：第一，"理性"不是人与生俱来的；人的灵魂要经过"后天"的教养和教育才能按照神所安排的"自然途径"进行运动，最终获致"理性"。第二，"理性"是从精神本质上与"愚昧"相对应的。康德对"理性"的解释其实是最接近希腊的。欧洲人讲"理性"说到底也是此意。

"理性"可作"理智"解；但"理智"比较外在。与"感情"相并举，"理智"比较能权衡利弊得失，而不听任感情的冲动。"理智"不一定表示对事物本质的正确认识。张三受到李四的斥骂，明知李四无理，张三不与之争辩是非，"理智"地处理了这件事。这个"理智"即只表现在外在的态度举止上，不涉及对是非的判明。"理性"则不止于态度举止，也不限于对某一些问题的认识，而是深入内在精神——宇宙的、包括人在内的内在精神。

理性精神与自由精神是一致的。"理性"和"自由"的度都要看对自然规律和社会规律掌握到什么程度；掌握得越深、越全面，则"理性"和"自由"的度也越大。

所谓"理性"妨碍"自由"者，所以不晓"理性"为何物者也。

1998 年 12 月 29 日

关于学习马克思主义

打从"文化大革命"以后,马克思主义似乎是交了"厄运"。青年人每每以不屑一顾的神色看马克思主义,意思是算了吧!想在马克思主义的经典著作里找今天的问题的答案,相当多的情况下的确是缘木求鱼。看起来马克思主义真的"不灵"了?

以为马克思说的每一句话都永世有效,这是神话。于是说马克思主义的"基本原理"才是放之四海而皆准的。那么究竟哪些算是"基本原理",哪些又不是呢?这也很难说得清楚。只《马克思恩格斯全集》,就是四五十大本,还不算列宁的。其中属于"基本原理"的有多少?这样来维护马克思主义的权威性,仍难使人信服。

其实,多数的能读书看报的人,不见得读懂了多少马恩列斯的书。读了,也多是"老三篇"那种读法。得窥全豹的极少,瞎子摸象倒是不少见的。

所以首先应该去认识马克思;先不要不屑一顾。连顾也没有顾,哪里来的发言权!

而要"顾",就须着力于"顾"理论、"顾"分析,而不光是"顾"结论性、论断性的那些提法。换言之,就是必须着力于"顾"他们怎样透过表象看本质的方法,而不是就事论事。

马克思有一段话犀利地批评把他的个别原理普遍化的人：

> 他一定要把我关于西欧资本主义起源的历史概述彻底变成一般发展道路的历史哲学理论，一切民族，不管他们所处的历史环境如何，都注定要走这条道路，——以便最后都达到在保证社会劳动生产力极高度发展的同时又保证人类最全面的发展的这样一种经济形态。但是我要请他原谅。他这样做，会给我过多的荣誉，同时也会给我过多的侮辱。①

这段话见于马克思的《给〈祖国纪事〉杂志编辑部的信》，写于1877年，收进了《马克思恩格斯全集》的第19卷。

马克思在这里所强调的是要根据所处的历史环境作具体而生动的分析。

最近写《"欧洲观念"的历史哲学》的时候，重读了一些马、恩、列关于哲学问题和历史问题的著作，感到他们的著作中有许多深层次的东西，仍然普遍地没有得到重视，这大半是由于学风上的功利主义、搞什么"立竿见影"之类所致。例如《法兰西内战》，就算不得马克思的精品，其实属于"急就章"一类，而由于政治上的需要，所以成了"老三

---

① 《马克思恩格斯全集》第19卷，人民出版社1963年版，第130页。

篇"式的教本。相比之下,《十八世纪外交史内幕》等不知要高明和深刻多少倍!

青年人的"不屑一顾",相当程度出自所谓"逆反心理",是浅薄;而把马列著作当成"圣经",不得更易一字,是愚顽。两种态度都从各自的极端糟蹋了马克思主义。

1987年2月27日

海涅论德国哲学
——兼及哲学与"政治文化"的关系

看到《西欧研究》1990年第4期殷桐生的《政治的社会心理环带——论联邦德国政治文化》,觉得至少在本刊上是不多见的文章。[①] 对拓宽研究的领域来说,这类题材的文章是有意义的。

殷文给了我不少启发,美中不足的是有些问题的论证还可以再充分些,如引用了黑格尔的话:"民族精神的最高成就就是自知。"又说,德国历史上有一种"臣仆文化"。说,欧洲共同体各国对德国人的"基本评价"是"事业心强,办事认真,遵守纪律,但固执,好幻想,不重礼仪"。作者在文末说,德国人自1945年以来发生了人的"价值嬗变",主要是因为新的一代愈来愈多地吸取西欧"民主政体"的成分,其趋势是"自我实现""参与意识""宽恕意识"的不断"拓宽",把"意见的多元化"、"增加社会信任"以及"宽松的教育风格和生产观念"列为"时代的气韵",等等。也许是篇幅有限,作者来不及把为什么会有这些表现解释得十分清楚。但是读这样的文章,我是有兴趣的。

---

① 作者系《西欧研究》双月刊主编。

几乎同时，我在联邦德国阿登纳基金会编的一本《德国问题诸方面》的小册子里看到一篇题为《德国人的特性》的文章，觉得似乎可以补充殷文。作者韦纳·维登菲尔德是美因茨大学教授。他从德意志民族的历史和战后以来的欧洲（特别是中欧）的政治背景来探讨德意志民族的特性问题。作者是德国人，有他自己的切身经历和感受。文章提到德意志民族的性格受到三个层面的影响。

第一是历史上的。德国比其他欧洲国家统一得晚，而且多少是通过"自上而下"的政治斗争才实现了俾斯麦时期的统一的，缺少民族的自然融合，这与神圣罗马帝国的"形统实不统"的历史有关。所以即使在统一的条件下仍存在着不同地区的邦国感情，形不成"一种"民族特性。

第二是地理上的。它是一个中欧国家，历来是大国政治角逐的"焦点"地区。它太强大了，别国不可能不提防它；它又太弱了，总不能摆脱邻国利益的影响。作者觉得德国人的困扰常是同这个地区的形势纠合在一起的：德国问题之所以成为问题在于它政治上的"不确定性"；而欧洲的形象是怎样的，又每每受制于德国特性的"不确定性"。

现在，或曰自第二次世界大战以来又增加了第三个层面的影响。即欧洲一体化观念和实践对德国民族性的影响；于是欧洲一体化问题在德国人的头脑里占了一席地位。战后的历史与现实把德国硬拖进欧洲一体化进程里去了。作者认为，虽然欧洲一体化并不是一个理想的"躯体"，但是不管怎样，它的意图却是要代表欧洲整体的观念。民族的目的就这样被钳在欧洲的观念里，一个国家的秩序与国际的整合化被协调起来。作者说,这对于德国人来说是一桩清清楚楚的一揽子"政治交易":德国因此可以避免孤立;别的国家也不能置德国利益于不顾去简单生硬地摆布德国问题。①

文章的作者始终没有讲明白德国人的特性究竟是什么。所以我觉得有些隔靴搔痒。但是,这篇文章的观点该算是历史唯物主义的,作者一刻也没有忘记客观存在对意识的影响。

接着我想到了海涅的《论德国的宗教和哲学的历史》。海涅写的问题可说是在一个更深的层次上、从德意志民族的思想发展中的角度涉及民族性问题。这种内在的思想内涵与外在的"政治文化"或许并不是毫无联系的。

海涅把读者带回到古老日耳曼的神话世界:古老的日耳曼民族为何有着根深蒂固的民间宗教传统,基督教又怎样融化了整个民族,但是从未根绝日耳曼的传统宗教习俗。基督教到了日耳曼竟然也就沾染上了古老日耳曼文明的色调。早在中世纪,德意志文明就是又统一又分散的。马丁·路德第一个用理性解释神学,宗教的理性化于是从德国宗教革命开始。海涅认为在德国人的思维中引起的影响是具有革命意义的;而更重要的是它为德国古典哲学开启了通路。

马丁·路德对宗教进行了革命,伊曼努尔·康德则对哲学进行了革命。康德之所以能把从笛卡尔到莱布尼茨的哲学作了一次哲学上的清算,完全是由于他的纯粹理性的批判,以二元论代替了唯神的一元论。海涅第一个认为康德的哲学

---

① [德]彼·R.韦勒曼主编:《德国问题诸方面》。

革命可以与法国革命相比。

海涅说:"马克西米利安·罗伯斯庇尔不过是卢梭的手而已,一只从时代的母胎中取出一个躯体的血手,但这个躯体的灵魂却是卢梭创造的。"① 而康德举起他的《纯粹理性批判》这把"大刀",一下子"砍掉了自然神论头颅"。② 海涅接着说:"说实话,和我们德国人比起来,你们法国人是温顺的,和有节制的。你们至多只能够杀死一个国王,而且这人在你们砍掉他的头以前早已失去头脑了。而这时你们还必须如此敲锣打鼓,高声呐喊,手舞足蹈,以至于使这事震撼了整个世界。如果人们把罗伯斯庇尔和康德相比较,那么,人们对马克西米利安·罗伯斯庇尔的确给予了过多的荣誉……"③ 海涅这样说,是因为康德使用的武器是思想,他对于以解释上帝的存在为主要职责的神学来说,是一位"伟大的破坏者",所以他"在恐怖主义上远远超过了罗伯斯庇尔"。更重要的是:康德对付的是思想,而罗伯斯庇尔只是对付人。④

康德的革命意义恰恰就在于他作为一个"铁面无私的哲学家","袭击了天国,杀死了天国全体宇宙部队"。于是,"这个世界的最高主宰未经证明便倒在血泊中了,现在再也无所谓大慈大悲了,无所谓天父的恩典了,无所谓今生受苦

---

① [德]亨利希·海涅:《论德国》,薛华、海安译,商务印书馆1980年版,第292页。
② 同上书,第293页。
③ 同上。
④ 同上。

来世善报了……"①事实上，康德哲学在1789年就已经不胫而走，成为德国哲学思想领域里的"唯一话题"。他的批判精神浸润在一切科学之中，连德国的文学艺术也受到他的影响。歌德认为在近代哲学家中无疑属康德最高明，因为，不仅"他的学说还在发生作用，而且深深渗透到我们德国文化里"。就是没有下过功夫研究康德的人也不能不受到他的影响。②当时，康德哲学产生的热浪早已冲击了他一生足不出乡里的哥尼斯堡。但是，这种思辨的、冷隽的，有时是严酷的哲学完全是德国的，而不是法国的、英国的……它的逻辑严谨的批判精神在锻造德意志的精神和性格中起着无形的、悄悄的，然而是无可否认的作用。从马丁·路德到康德，理性思维从宗教走向人间。海涅很带感情地写了以下几句话："德意志民族不是个轻举妄动的民族；当它一旦走上了任何一条道路，它就会坚忍不拔地把这条道路走到底。在宗教事件中如此。在哲学中如此。在政治上我们能否同样彻底地前进呢？"③

对于康德的作用，马克思和恩格斯是有评价的。最常见的，一见之于马克思的《法国历史学派的哲学宣言》，把康德的哲学比作"法国革命的德国理论"。④再见之于恩格斯的《大陆上社会改革运动的进展》，他说："在法国发生政治

---

① 《论德国》，第304页。
② [德]爱克曼辑录：《歌德谈话录》，朱光潜译，人民文学出版社1982年版，第131页。
③ 《论德国》，第306页。
④ 《马克思恩格斯全集》，第1卷，第100页。

革命的同时,德国发生了哲学革命。这个革命是由康德开始的。他推翻了前世纪末欧洲各大学所采用的陈旧的莱布尼茨的形而上学体系。"[1]两处都是像海涅一样把康德的哲学革命同法国革命相比。从康德起,德国思想界进入了一个新的时代。

费希特否定了老师的二元论,把老师的先验论发挥成主观唯心主义。费希特把"自我"强调到了极致,企图在"自我"的主观精神中去寻找事物的实在性。康德的"自在之物"到费希特只存在于主观意识之中了。在这一点上,费希特比老师后退了一大步。然而却继承了作为一个哲学家的巨大意志,在主观唯心主义的基础上发挥了辩证法的威力,把神学一点一点地否定掉了。费希特继续康德的事业为德国古典哲学的体系起到了该起的作用。

也许由于海涅是对法国读者讲述德国哲学在历史中的作用,所以常以法国的历史人物作为参照。这次他居然把费希特比作德国的拿破仑,真是匪夷所思!海涅着眼于思想的力量,认为建立一个哲学体系并不比建立一个政治业绩的意义小一些。他认为,"拿破仑和费希特都代表着这个伟大的、严酷的自我,在这个自我之中,思想和行动是统一的。"他接着说:"方今拿破仑帝国已经成了历史,但皇帝拿破仑带到世界上来的运动却一直还没有静止,我们现代还靠这个运动而具有生气。费希特哲学也是这样。它已经完全没落了,然而思想家们仍受到由费希特提出的思想的鼓舞,他的言论

---

[1] 《马克思恩格斯全集》,第1卷,第588页。

的后果是不可估量的。"①

费希特是个比康德更彻底的唯心主义者,但却比康德更坚决地同情法国革命。费希特后来被指控为无神论者,实际上的罪名则是由于他在政治上民主主义的倾向性。海涅说:"唯心主义通过一切可能的抽象,长期地就这样地过滤着神性,直到最后它什么也不剩为止。现在就像你们法国用法律代替国王一样,在我们德国却用法则代替上帝来进行统治。"②用"法则代替上帝",这正是德国古典哲学体系造成的结果,而且深深地植根于德意志民族的土壤之中。

比起费希特来,谢林的影响简直是微不足道的。但是他至少在使德国哲学的延续和发展进程没有出现真空起了作用。很快,黑格尔完成了从康德开始的哲学体系。在这一点上,马克思和恩格斯又一次与海涅相通。海涅欢呼:"我们的哲学革命结束了。黑格尔完成了它的巨大的圆运动。"③恩格斯指出:"黑格尔完成了新的体系。"④

翻开18和19世纪的德国史,一个非常突出的印象便是,在政治经济相对落后的德国,思想领域却不成比例地发达而又健壮。在任何时代,任何国家,哲学家从来只是少数;但是他们的哲学思维却曲折地反映了一个民族的习性,同时也陶冶着一个民族的习性。在这里,海涅发现了德意志民族成长的轨迹:"我以为我们这样一个有计划有步骤的民族是

---

① 《论德国》,第311页。
② 同上书,第323页。
③ 同上书,第338页。
④ 《马克思恩格斯全集》,第1卷,第588页。

必定从宗教改革开始,然后再在这个基础上从事于哲学,并且只有在哲学完成之后才能过渡到政治革命的。"[1]

在这里,我要完整地抄录一段恩格斯的话,如果只引其中几句话是无法把问题表述清楚的:"正像在18世纪的法国一样,在19世纪的德国,哲学革命也作了政治变革的前导。但是这两个哲学革命看起来是多么不同啊!法国人同一切官方科学,同教会,常常也同国家进行公开的斗争;他们的著作要拿到国外,拿到荷兰或英国去印刷,而他们本人则随时准备着进巴士底狱。反之,德国人是一些教授,是一些由国家任命的青年导师;他们的著作是公认的教科书,而全部发展的最终体系,即黑格尔的体系,甚至在某种程度上已经被推崇为普鲁士王国的国家哲学!在这些教授后面,在他们迂腐晦涩的言辞后面,在他们笨拙枯燥的语句里面竟能隐藏着革命吗?不正是那时被认为是革命代表者的人即自由派激烈反对这种使头脑混乱的哲学吗?但是不论政府或自由派都没有看到的东西,至少有一个人在1833年已经看到了,这个人就是亨利·海涅。"[2]

诚然,海涅预期的革命在德国并没有到来,但是,马克思、恩格斯之得营养于德国哲学则是事实。从广义上说,一种哲学体系对于一个民族的文化(包括现在正讨论的"政治文化")的作用和影响是深层次的。就荦荦大者而言,儒道释之于中国,希腊罗马文明之于西方,其影响之深之远是不

---

[1] 《论德国》,第341页。
[2] 《马克思恩格斯选集》第4卷,人民出版社1972年版,第210—211页。

言自明的。

现在的问题是,进入20世纪以来,欧洲的民族国家经过几个世纪的发展,已经到了民族国家所能达到的限度;任何一个民族国家都不能不冲出自己的疆界,不同的民族国家都要寻求利益的结合,因此在日益拓宽的领域探求整合化(或曰一体化)成为合乎历史逻辑的趋向。任何一个欧洲国家的土壤都已经且继续融进新成分。像上面引用的那篇德国人的文章里说的,"民族目的"自然而然被镶在"整体观念"里了。殷桐生的文章里讲到联邦德国的"价值嬗变"证明了这种新现象。问题来得是那样现实、具体而又迫切,侃侃而谈的哲学似乎离现实太远了,有些鞭长莫及。在19世纪的德国,政治要在哲学里去找;现在,现实跑得这样快,使任何观念形态的东西都赶不上了,而只能在现实的推动下更新。哲学的民族居然也感到了哲学的贫乏。今天德国的"政治文化"依然有着自身的历史哲学和政治哲学背景,但已更多地反映活生生的现实要求了。

所谓一个民族(或一国、一地区)的"政治文化"究竟何所指,我至今仍不甚了了,也找不到现成的定义式的答案。这篇文章涉及的三篇文章使我从不同的角度产生些朦朦胧胧的想法,使我把殷桐生文章里的"政治文化"同民族特性以及这个民族在成长中受到的久远的哲学熏陶联结起来。

我读冯著
——为冯友兰先生一百一十周年冥寿作

我喜欢读一些哲学方面的书,中国的西方的都喜欢。做研究工作当中,时时于无形中得到一些思想上的收获。

我读这类书,是"兴趣第一",心态轻松,不为弄不懂的地方而枉费脑筋。遇到什么实在不懂的问题,或者暂时放下,看看别的书,再回过头来读时也许就明白了;或者索性跳过去,不当书的"奴隶"。

在我读过和正在读着的书里,兴趣最大的,也是获益最多的,在西哲为康德,在中国哲学则是冯友兰。

冯先生说:"余平生所著,三史六书耳。三史以释今古,六书以纪贞元"(1990年台北版《中国哲学史》自序)。此外还有众多的长短篇文章(大多数为1949年前所作)。冯著浩瀚博才,除哲学和哲学史外,所涉甚广。我觉得凡治社会科学和人文学科者,都不妨读读冯先生的书,一定如入宝山,不会空手而回的。

今年是冯先生一百一十周年冥寿。这篇文章,只结合我的"专业"(欧洲文明史,特别涉及中西文化比较和冲突)讲讲我学习冯著的一些体会。

"中西之交，古今之异"

冯友兰先生对我的工作影响最大、大大打开我的思路的，是他谈及中西文化之交的问题时，浓缩提炼为"中西之交，古今之异"这八个字。他说："在世界史的近代阶段，西方比东方先走了一步，先东方而近代化了。在中国近代史中，所谓中西之分（交），实际上是古今之异。以中学为主，对西学进行格义，实际上是以古释今；以西学为主，对中学进行格义，实际上是以今释古。"[1] 不是中国和西方所处的时代不同，而是中国和西方的社会形态不同；在中西文明相遇于19世纪中叶的时候，中国的文明和社会仍是属于"古"的，西方的文明和社会是属于"今"的。

这是冯先生一贯的观点，他在20世纪30年代写的二卷本《中国哲学史》中就说："迄今中国与西洋接触，政治、社会、经济各方面，又有根本的变化，于是此二千年来为中国人思想之君主之经学，乃始被革命而退位；而中国人之思想，乃将有较新之局面焉。"[2]

这就是说，中国近代史是以"经学"之"退位"开始的，原因是"与西洋接触"了。

我在研究欧洲的文明史的时候时常想，我为什么要研究欧洲史呢？就算我把欧洲史研究得滚瓜烂熟，又怎么样呢？而我又是一个在中国文化中浸泡长大并变老的人。长期以

---

[1] 《中国哲学史新编》第6册，人民出版社1989年版，第155页。
[2] 《中国哲学史》上册，台北版商务印书馆1993年版，第489页。

来，中国的民族命运时时以各种方式"介入"我对欧洲的研究，两种文明自然而然地在我心里交了锋。"改革开放"以后，思想开朗了，摆脱了不少束缚，经过"文革"劫难以后不免想到中国的历史为什么这样受折磨，与西方国家相比，步步赶不上。中国到底缺少了什么，我研究欧洲的文明发展史，不正是要为这个很普通的问题找到至少使我自己满意的解释吗？与之相关的，便有许多问题提出。对此，学术界的见解不乏异同，诸如中国从何时起落后于西方（言外之意是在这个"何时"以前中国是"先进"于西方的）、中国自古有无科学和民主思想，今天的中国是否需要欧洲18世纪那样的"启蒙"，中国历史上有没有"资本主义萌芽"，等等。

我正是在清理诸如此类问题的时候，遇到了冯先生这八个字："中西之交，古今之异"。这八个字看来平常，却是研究中西文化的大关节，是冯先生琢磨了大半生结晶出来的。把中国之古，何以为"古"；西洋为"今"，何以为"今"弄透，其他枝蔓问题都好办。

早在1920年，冯友兰到美国留学时，他当时只有25岁，就谈到他的初步体验说："我自从到美国以来，看见一个外国事物，总好拿它同中国的比较一下，起头不过是拿具体的、个体的事物比较，后来渐及于抽象的、普通的事物；最后这些比较结晶为一大问题，就是东西洋文明的比较。"[①]

这段话表明冯友兰到美国不久就感到他学西方哲学，应

---

① 《与印度泰谷尔谈话（东西文明之比较观）》，《三松堂学术文集》，北京大学出版社1984年版，第11页。（泰谷尔，今译泰戈尔。）

该有"东西洋文明的比较"在胸。过两年,即1922年,他进一步说明这个想法:"近二三年来,中西文化的主力军,似乎渐渐地接触。从前所谓兵战商战,由今视之,不过如两边先锋队斥候队之小冲突而已。""中西比较"才是"一种真问题——不是从前做文章所出之题"。对这样的"真问题","非先把中国的一切东西,及外国的一切东西,都极深究不可"。换一句话说,就是非把现在人类所有的知识,都做深入的研究不可。"这种大业,就是孔子、亚里士多德复出,恐怕也要敬谢不敏。这须得很多专家,经很长时间,许多'史'才能济事。"①

冯友兰是既了解中国哲学,又很认真而系统地学习了西方哲学的学者。从他的著作可以看出,他不是到了外国,只蜻蜓点水般看了一两本某某"大师"的书,便自以为是弄懂了"西学"的。"社会活动家"可以这样做,真正的学者却不能这样。有这样的思想认识在心底,冯友兰便"极深研究"中国哲学史和西方哲学史,最终得出"中西之交,古今之异"这八个字。我写《欧洲文明的进程》等书的时候,内心里即装着这八个字去写"欧洲何以为欧洲"这一面,以反衬和点出"中国何以为中国"的另一面;因为作为一个中国人,特别是对自己的历史社会人文有所了解的中国人,把别人了解清楚了,自然应该更明白我们缺少了什么,归结到一句话,我们的历史为什么没有作为现代文明国家必备的科学

---

① 《论"比较中西"——为谈中西文化及民族论者进一解》,《冯友兰学术文集》,第43—44页。

和民主。所以我是以"欧洲何以为欧洲,中国何以为中国"为主题而做我的研究的。一次有记者采访我,便用了我说过的话"看的是欧洲,想的是中国"做了采访记的题目。

这一切都有冯友兰这八个字的影子。先别今古,再及其他。我的工作远未做完。冯先生用了大半生的功夫,我到了五十多岁才有所悟,于今只二十年。如果天让我退回二十年,我也许能做得好一些。

"周虽旧邦,其命维新"

冯先生很看重的一句话是"周虽旧邦,其命维新",简为"旧邦新命"四个字。"新命"是他的政治社会理想,是说中国是个古老而孱弱的"旧"国家,要通过全国人民的努力把它建设成一个"新"的现代文明国家。"旧邦新命"是接着上述"中西之交,古今之异"讲的;有中西比较在前,则必然生出把古老的中国改造为现代"新"国家的使命。这一非常合乎逻辑的思想既是冯先生的理念,又是他的历史观。

在哲学上的表述则是有名的所谓"横渠四句":"为天地立心,为生民立命,为往圣继绝学,为万世开太平。"他说这后两句是"人之所以异于禽兽者"的事。禽兽只有现在,没有过去,也没有未来。在地球上只有人才不但懂历史,也懂得将来应该是什么样子。"柏拉图认为,在他的理想社会中,最合适的统治者是哲学家,即把哲学与政治实践结合起来的'哲学王'。"[1]他认为，柏拉图的"理想社会"，与儒家的"圣人最宜于做社会最高统治者，因为他是廓然大公"[2]的标准，是可以相表里的。到那时就可以"为万世开太平了"。这也是康德"永久和平论"的理想。

这些思想在冯友兰的中年，即五十岁以前，或者说在1949年以前已经形成了，即蔡仲德先生说的冯友兰"实现自我"的一个成果。

在这一点上，冯友兰与康德或是"不谋而合"，或是受到了康德的影响。冯先生和康德一样，是"理性主义"者。他在中年接触"唯物主义"，并有所认同，也是因为他认为"唯物主义"是"理性主义"的。（但他不赞成译成中文这个"唯"字，因为一个"唯"字便一条道走到底，没有选择的余地了；英文里的materialism，idealism等都没有"唯"的意思。）

冯友兰一生是在校园里度过的，他一生的活动从没有离开过学校一步。无论在美国留学，还是在国内的燕京、北大、清华，等等，都是在学校的圈子里读书、写书、教书，且在一些时候主持校务工作，包括"北校南迁"的繁重工作，在国难时期挽救教育免受日寇侵略的破坏。所以终其一生，他既是哲学家、哲学史家，同时也是教育家。不过时人经常忽视或忘记他在推动至少在清华和北大的文学院、特别是哲学系的教学贡献。

---

[1] 《中国现代哲学史》，广东人民出版社1999年，第247页。
[2] 同上。

冯先生研究哲学有两大特点,一是很深入地研究中国哲学和西方哲学,不是把它们分为两截。他到美国读书时,国学的底子已经很坚实了,因此特别重视对于西方哲学的学习和研究。在美国,哲学绕不开詹姆斯、杜威以及英国经验学派的休谟,冯友兰不限于此,上自柏拉图、亚里士多德,下至康德、黑格尔,都很自然地融入他的哲学思考之中,终于形成他的接着宋明理学讲的"新理学"。他在写《中国哲学史》时已经形成了他自己的方法论,即以宋明理学为本,结合西方的实用主义和理性主义,他自称在"怀疑主义和武断主义"之间取其"中道"。他还自称是借用了黑格尔的"正、反、合"辩证方法和近代逻辑学的方法。我们如仔细读冯先生的一些论述,会发现其中颇有康德的"影子"。我读康德,有时就是从"新理学"得到参照和启发的。冯友兰从"东西文明之比较"入手,反过来再进入中国哲学,所以冯氏的"兼通中西"不是"中西并合",而是"中西融合"而出以己意的。细读冯先生的著作,莫不如此。

第二个特点是,冯先生认同金岳霖先生说的"哲学是概念的游戏",但冯友兰并不是在"象牙之塔"里抠"哲学概念",他时刻关心着政治社会问题,用哲学思想及其历史支持"旧邦新命"的理念,进入近代哲学时尤其如此。

这里我抄两段话,以说明这个特点:

> (冯友兰说)在世界进步的潮流中,中国又落后了一步。为什么落后呢?这是一个大问题。这样大的历史变化必定有很多的原因,绝不是用一个原因可以说明

的。儒家思想的统治是原因之一，除此之外至少还有两个原因，一个是地理上的，一个是政治上的……沿海地区，如福建的泉州，广东的广州，是不是可以撇开内陆地区先行快跑呢？不行。因为在政治上是一个统一的国家，有一个中央集权的政府，把地方管住了，使沿海与内陆不能有很大的差别。内陆拖住了沿海的后腿。西方有一句成语说："一个舰队的速度，决定于其中最慢的船。"一个舰队的司令不能使慢船开快，只能使快船开慢，慢船拖住了快船的后腿。

统一是一件好事，也是一件不容易的事。欧洲的历史中也有几次统一，但没有巩固下来，至今还保持着像中国春秋战国时代的诸侯割据的局面……中国自秦汉统一以来，中间也经过几次分裂，但大体上保持着统一，有一个中央集权的政府统治全国。到了明清两代，中央政府的权力尤为强大。统一是好事，有时也是坏事。中国沾统一的光，有时也吃统一的亏。上边所说的拖后腿的情况，就是吃亏的一个例子。

这些话见于《中国哲学史新编》第六册的绪论[①]，下面还有很长很长的发挥，冯先生常说他的书时有"十分可怪之论"，这两段话可算一例。引这些话是说明冯先生讲某个时期的哲学史必首先关注这个时期的历史背景，就是旧的统一的中华帝国在世界潮流中的形势，而不是游离其外的。这第

---

① 《中国哲学史新编》第6册，人民出版社1989年，第3—4页。

六册讲的就是前面说到的"经学时代的退位"和与"西洋接触政治、社会、经济各方面,又有根本的变化"的交接期,即显出"中西之交,古今之异"的那个时段。

冯友兰先生当然首先是哲学家,但由于他从"东西文明之比较"入手,所以他必然要关注世界中的中国;更由于他生当"旧邦新命"之际,所以他不能不关心国家民族的命运和前途。正像他在抗日战争正酣之1942年写的《新原人》自序中所说:"况我国家民族,值贞元之会,当绝续之交,通天人之际,达古今之变,明内圣外王之道者,岂可不尽所欲言,以为我国家致太平、我亿兆安心立命之用乎?虽不能至,心向往之。非曰能之,愿学焉。""世变方亟,所见日新,当随时尽所欲言,俟国家大业告成,然后汇此一时所作,总名之曰'贞元之际所著书',以志艰危,且鸣盛世。"联系到先生在抗战初起参与领导"北校南迁"的壮举,和在大西南十分艰危情况下为维系民族文化教育所付出的心力,即可理解冯先生的哲学体系与"旧邦新命"的理念联系得何等紧密。

抗战胜利后,南迁的西南联大北归,冯先生的心情之喜悦可想而知,欣然命笔为自己的论文选集《南渡集》作序曰:"'南渡集'者,余自九一八以来所作短篇论文之选集也,文多发表于战时之大后方,中原人士,多未之见,故为此集,备观览焉。集而名南渡者,以此选集纪念此段之中国历史及个人之经历也。稽之国史,历代南渡之人,未有能北返者,吾辈亲历南渡,重返中原,其荷天之体,可谓前无古人也已。"[1]抗日战争胜利后，西南联大准备北归，先生与同仁商议决定为西南联大勒碑纪念，由先生撰写碑文，碑文以古文为之，既壮怀激烈，又对胜利欣喜不已，"庾信不哀江南，杜甫喜收蓟北"，全文一气呵成，朗朗可诵，是收复失地的喜欣，是对国家民族前途的系念。纪念碑由闻一多篆额，罗庸书丹，实在是我前辈学人拳拳爱国赤诚之心的一个有历史价值的见证（文见《三松堂自序》第338—340页）。

抗战结束不久，内战继之而起，生灵再受涂炭，因此停止战争，建立和平、民主的国家，成了国人的共同心声。

冯先生1946年5月4日在北平建国东堂的一次学术讲座上做了一个不长但很有意义的演讲，题目是《中国哲学与民主政治》。在讲到"民主政治"时，他说：简而言之，"民主包含有平等、自由等概念，它的含义就是思想自由、言论自由等等。政治的设施，能使人得到自由平等的，就称为'民主政治'"。以下他讲了四点意见：

第一点最重要，就是要有"人是人"的观感。这是一个既有哲学意义，又有现实政治社会意义的大问题。冯先生说，人有独立的人格，自由的意志，凡人都是彼此平等，决不能拿任何人作为工具，这是讲民主政治应有的常识。世界上最不道德之事，就是以别人为工具，以达到自己的目的。在此，他引用了康德的话："德就是不能以人为工具。"而"人是人"也就是康德所强调的"人是目的"。这一点在"民主政治"中是根本的。冯友兰超越了儒家"仁者，人也"

---

[1] 《三松堂学术文集》，北京大学出版社1984年版，第624页。

的观点，以康德的"人学"把"人是人"看作民主政治的基础。

第二点，冯先生说，"对一切的事物都有多元论的看法"。他说，"我们觉得唯甚么论，唯甚么论，都是不对的"。有些思想本身可能没什么错，"但加上一个唯字，一唯就'唯一'坏了"。他主张应该持多元论的看法，而不求什么都整齐划一。"民主政治就是政治要合乎中和的原则，容万有不同而和合的发展。"

第三点，在第二点基础上进一步提出"超越感"的必要性，就是要站在一切不同之上而有超越之感，而不是站在自己的观点之上去衡量一切。有了不同的声音，要像庄子说的"和之以天倪"，对万物不齐，即以不齐齐之，便是超越的观感。冯先生认为，"有此见解，彼此互忍相让，才能谈到民主政治"。

以上三点之外，还有一个有趣的第四点："要有幽默感"，说幽默感在实行民主政治上也是很必需的。凡事总有比较多的失败的时候，遇到这种情况，便"一笑了之"就是幽默感；"不然的话，不成功就要烦恼发闷，也许会得神经病"。这意思是说应该有"宽容"的大度。

讲到最后，冯先生说了这么一段话："以上四种态度，都是实行民主政治的必要条件，必须大家都具这种见解，抱这种态度，人人尊重此种作风，才能实行真正的民主政治。中国哲学家，实应具有此等见解和态度，对于民主政治的实行的确是相合的。"①

我本人十分看重冯先生这篇不算太长的讲话,因为:

第一,这篇讲话非常通俗易懂而又十分概括地讲明了"旧邦新命"中的"新命"应该是怎样的,期望有一天将出现符合这四个条件的民主政治局面。

第二,讲这番话时,冯友兰先生已经从东西文明、东西哲学的比较入手,通过两卷《哲学史》、"贞元六书"以及众多文章,把建立自己的哲学思想体系完成了。这个哲学体系包容了纯粹哲学、道德哲学和政治哲学,体现了冯先生的圆熟通脱的学养和风格。

读冯先生这个时期以及前此(包括青年时期)的著作和文章的时候,我时常感到,无论世事人生何等艰难坎坷,他是既勤奋又以自由自在的心态在研究、在写作、在教学的。冯先生的形象——思想之驰骋飞扬,想象力之丰富活泼而又绝不离开他以生命为之的哲学——跃然纸上。以1932—1935年所写的四篇《新对话》为例,冯先生让朱熹和戴震的灵魂会晤于"无何有之乡";辩论宋学和汉学,后来公孙龙子的灵魂也参加进来。这些灵魂在对话中时时语出机锋而富有幽默感,对话内容覆盖了众多哲学问题,绝对是妙趣横生的"哲理散文"。

"冯学"体系到20世纪40年代已经完成了。这样说,无论从哪方面来看都是不错的。

---

① 以上引语均见《三松堂学术文集》第631—637页。

"海阔天空我自飞"

1949年中华人民共和国成立。冯友兰满以为他所瞩望的"新命"能够通过社会主义的道路来实现。但是事与愿违,他面临的是从未有过的新事态和新问题。从1950年起到"文革"结束止,他不断受到强力的"批判"和难以想象的政治压力和折磨,到"文革"期间达到极致。他的言论被辑入了广泛散发的"内部"小册子《地主资产阶级反动言论》当中,供人们"批判"。后来冯先生在自述1949年以来的经历时说,他不得不写了不少对以前的著作的"忏悔"之作,"批判"以致否定以往的学术成就,"在领导和群众的鼓励之下,我暂时走上了批孔和尊孔的道路……"并自责说,"这一部分思想就不是(修辞)立其诚,而是哗众取宠了"。[①]

对一位卓有成就、饮誉中外的老学者,横加强大的政治压力,逼他"忏悔",而后"自责",这只有在文化专制主义大行其道的时候才做得出。老先生内心隐忍和痛苦之深,可想而知。

这一页"漫漫长夜",不堪回首,就算翻过去了吧。痛定思痛,先生已八十高龄,决定按自己的意思去做,以随后二十多年之功,在溘然长逝之前,完成了《中国哲学史新编》七册,真可谓人间奇迹!

"新编"新在何处?我才疏学浅,不敢妄评,至少从

---

① 《三松堂自序》,人民出版社1998年,第176—177页。

第六册起续上了原《中国哲学史》的近现代部分，算是一"新"吧。这个时期的开始亦即继"经学时代"结束后的新时代。这是前面所说的"中西之交，古今之异"显现出来的时代。这个时期具有古今中外错综交汇的时代特点，"纯粹"的哲学不足以驾驭这个时代，冯先生的思想豁然开朗，第六、七两册实际上是哲学史、思想史以及政治思想史结合或融合的历史，这是非常有创造性的、视界开阔的写法，如第六册中以黄宗羲、颜元、戴震的批判精神开其端，立即转入晚清的几段时代思潮和代表人物的思想。其中冯先生对洪秀全和曾国藩这对对手的分析（兼及农民运动在历史上的"作用"）完全突破了流行的成说。指出洪秀全引进的并不是西方真正的基督教，而是以民间迷信为底本引进了欧洲中世纪的"神权统治"，洪的"理论"如果真的实现了，那中国将会"倒退"到欧洲中世纪的状况。曾国藩镇压了"太平天国"，阻止了历史的"倒退"，是立了一功；当然他的"洋务措施"是为了维系清朝的统治，是没有疑问的。他还说洪秀全代表的是"农"，曾国藩代表的是"工"，从这点看洪代表"倒退"，曾代表"进步"。这又是冯先生自认为的"非常可怪之论"。

写到第七册时，进入了现代，冯先生已是九十高龄，一生丰富而曲折的阅历使他的思想越加深沉、老练而生动，心态越加自由，摆脱掉沉重的精神枷锁，他感到"俯仰无愧怍，海阔天空我自飞"的自由。在这一册里，不仅评述了作为纯粹哲学家的熊十力、金岳霖以及他自己的哲学体系，而且评述了陈独秀、孙中山、毛泽东等这一时期不可绕过的历史人物的思想。老人可能预感到，有些话与时论不合或相悖，不一定能出版。所以在"自序"中写道："船山在深山中著书达数百卷，没有人为他出版；几百年以后，终于出版了，此所谓'文章自有命，不仗史笔垂'。"

果然不幸言中，出版社终于拿不出能够摆明的任何理由或托词，硬是没有把第七册与前六册一并出齐，书稿稀里糊涂地至第六册被"截肢"了。一个变通的方法是，广东人民出版社把第七册单独印出，改名为《中国现代哲学史》，原来的第八十一章"总结"本是全七册的"总结"，改成了"第十一章"，变成了《中国现代哲学史》这一单行本的"总结"了。这是出版业的一桩奇特的现象。但是还多亏了广东人民出版社，才使第七册得为海内国人所见。

这篇"总结"，写得挥洒自如，了无挂碍，远至天地，近在人文，古今中外悉熔冶于老人心中，极概括，极凝练，在告别人世之前，他再次引用柏拉图关于洞穴人初次见到阳光时那种"善的理念"的故事，再次念叨他一生奉为座右铭一般的"横渠四句"，告诉人们要看重思想，因为"思想是人生中的光"，祈盼着"仇必和而解""为万世开太平"的未来世界；像康德一样把永久和平托付给人类社会的未来。

行文风格

最后，讲几句冯先生的"行文风格"，我学习他的著作时，经常感到，无论是文言、语体，都非常之"顺"，晓畅通达；把高深的哲学问题写得那样明白，那样深入浅出，没有一般哲学著作的"哲学腔"。这不是常人能做到的。冯先生就算不是唯一的，也是极罕见的。诚然这不单纯是文字问题，而首先是把问题吃透了，看穿了，才能举重若轻。唯深入才能浅出。他常用一些"大白话"对深奥的复杂的问题作点睛之笔，一语道破。

如大家都知道的，冯先生常说哲学史是"照着讲"，哲学是"接着讲"。如他讲历史的农民运动，即使"成功"了，也不过是有人当了另一朝皇帝，它不会选举一个总统，因为它代表的是落后的生产力。

"二律背反"是康德的一个很重要的看问题的方法论，康德说"二律背反"把他从"独断论"中唤醒。冯先生著作中自觉或不自觉地以这个法则分析矛盾问题，达到圆熟的地步。冯先生戏称之为"公说公有理，婆说婆有理"。

如他讲中国传统哲学和西方形而上学的方法论，用中国传统画月亮的两种方法作比喻：一种是在天空画一个圆圈，是所谓"正"的方法；另一种是涂上一片云彩，中间留出一块空白作为月亮，这种画法称为"烘云托月"，是为"负"的方法，即不是先说事物的性质是什么，而是先说这种事物的性质不是什么。（这个比喻冯先生不止一次用过；我至少在《新知言》中讲形而上学的方法中见过；在《新编》第八十一章"总结"中又见过。）

冯先生作文从不装腔作势、故作高深，这类深入浅出的例子在冯著不胜枚举，从他青年时期的文章到他九十五岁的《新编·总结》，行文一贯如此，越到老年，越加炉火纯青。

冯友兰先生留给后人的,是一宗取之不尽的学术宝藏,不仅治哲学者应该继承和挖掘,广而言之,治社会科学人文学科者,也可以从中取得意想不到的收益。

重读冯友兰《中国哲学史新编·自序》

冯先生善于"非己",有人或以此为微词,意在指陈一种随着时势之变迁而改易原来见解的现象,有"随俗"甚至是"媚俗"的那种意思。然而,善于"非己"也可以是一种不囿于一己成见、勇于否定自己的高尚风格。从表现上看都是"非己",或叫"自我批评"。在不少情况下是不得已而为之,这在近几十年来屡见不鲜。就是说在某种环境下没有,或被迫没有说真诚的话。巴金不惮絮烦地检讨自己在"史无前例"的日子里不曾完全说真话,每当看到他这样剖析自己时便受到震撼,并以自警。最近巴金在《怀念二叔》这篇文章里,又一次深沉而强烈地触及这个问题。文中有这样一小段:

> 我记起来了,二叔说过类似的话:
> "席方平他讲真话受到严刑拷打,讲假话倒放掉了,然而他还是要讲真话。他就是有骨气!"写文章要有骨气!原来二叔也是教我讲真话的一位老师。

这篇文章披露了一个老人赤子般的坦诚胸襟。

哲学家自有哲学家的坦诚,那表达自是不同的。冯先生

《自序》中有这样几段话,都是真话。不妨摘抄下来:

>……解放以后,提倡向苏联学习。我也向苏联的"学术权威"学习,看他们是怎样研究西方哲学史的。学到的方法是,寻找一些马克思主义的词句,作为条条框框,生搬硬套。就这样对对付付,总算是写了一部分《中国哲学史新编》,出版到第二册,"文化大革命"就开始了,我的工作也停了。
>
>到了70年代初期,我又开始工作。在这个时候,不学习苏联了,对于中国哲学史的有些问题,特别是人物评价问题,我就按照"评法批儒"的种种说法。我的工作又走入歧路。

这是一些朴实无华的"自我批评",是一些真话。《中国哲学史新编》,尤其前几卷,差不多所有的先秦、两汉的哲学问题都是用"思想战线中两条路线斗争"的线串起来的,对涉及的思想家们都分别标以唯物、唯心或主观唯心主义、客观唯心主义等等。诸如释两汉今文经学和古文经学之争为"当时哲学战线上唯物主义与唯心主义斗争的一种表现"等。

冯先生在《自序》中特别谈到两点重要体会。那就是:第一,"用马克思主义的立场、观点和方法,并不等于依傍马克思主义,更不是抄写马克思主义"。这或许是对前述那"两次折腾"的某种"自我批判"。冯先生深谙中、西两种哲学,后来又学了马克思主义,所以冯先生治中国哲学史的最大特色之一，就是观照了包括后期学到的马克思主义哲学的西方哲学，这既在方法论上丰富了中国哲学史，从而使读冯著的人大大开拓了视界，同时也难免使人怀疑，用某些西方的哲学概念来格义中国哲学中的某些问题，能否恰到好处。诚然用唯物、唯心的概念和两条路线斗争的方法去分析中国哲学，若干年来已是普遍使用的方法，却也最容易"透体通明"、一目了然，因为说到底是存在和思维的关系问题。但问题是，中国哲学每每弄不准谁个是唯物的谁个是唯心的。因为它走的路数与从希腊、罗马到今天的西方哲学的路数是根本不同的。二程是"唯心"的，然则，"即物穷理"，又分明是把"物"看作"理"的依据。张载是"唯物"的，这差不多也是哲学界的"共识"了，他讲究"气"，可是这个"气"究竟何所指，都很难说清楚；倒是"大其心则能体天下之物"，不会使人产生什么误解。而冯先生一直十分推崇的"横渠四句"（为天地立心，为生民立命，为往圣继绝学，为万世开太平），就是寻根到底也是找不出哪个唯物、哪个唯心来的，用唯物唯心的圈圈来套，着实勉强。

《自序》是1980年写的，反映了冯先生当时的想法。《中国哲学史新编》实际上是一部通贯中国学术文化思想史的大典，是自成系统的，一旦展开，就不是哪一家的哲学概念所能覆盖的，事实上，冯先生以其深邃的思想、恢宏自如的眼力，越写越顺，越写越透。试看关于宋明理学的那些章节，虽然还套在"两条路线"的斗争的总框架里，但是比起前面讲孔墨哲学的几章来，用笔已松弛得多了。

冯先生的第二点重要体会是："我生在旧邦新命之际，

体会到，一个哲学家的政治社会环境对于他的哲学思想的发展、变化，有很大的影响。"这虽是一个很普通的道理，但冯先生说来是有很深的含义的，带有若干"自省"的成分。尤其是冯先生在这段话之后，紧接着说了一句："我本人就是一个例子……""两次折腾"所得的教训正说明了"政治社会环境"对冯先生影响之大。

然而，冯先生是一位早就造就了自己的哲学体系的大哲，"政治社会环境"的变迁固然有难以抵抗的威力，但是构成先生的哲学体系的根基却是动摇不了的。相反，经过"两次折腾"，《中国哲学史新编》写到最后显见出先生哲学思想体系并未变易，这特别体现在最后一册的长篇总结上。

说来叫人遗憾。先生以数十载之功完成的巨著，没有能在先生闭上眼睛之前出齐。

我算是一个幸运者，读到了这篇总结的全文。最近看到《光明日报》出的《文摘》摘登了前半部，并且知道，第七册已于去年在台北的蓝灯文化事业股份有限公司出版，不管怎么样总算出齐了。

下面应该谈谈这篇学究天人的长篇总结。因为它在全书中具有特立独行的意义和风格，再也看不到几十年冯先生所认同的"哲学战线上的路线斗争"的痕迹，重新回归到就哲学谈哲学的冯氏"新统"。说也奇怪，这反而使人有耳目一新之感。然而这超出了重读《自序》有感的范围，而且想再看一遍《总结》，所以这篇笔记就结在这里。

1993年1月21日

重读冯友兰《中国哲学史新编·总结》

《总结》与《自序》和《全书绪论》在风格上有明显的不同,显得很潇洒,很松弛,娓娓道来,像是在"侃"哲学;内容(对哲学根本问题的见解)也不同,冯先生经过差不多一个世纪的探索、曲折、琢磨、循环往复、周而复始,在《总结》里还是甩开了"路线斗争"的套式,直捣中国哲学的精髓,指出:

> ……就人的实际生活说,哲学中一组一组的对于实际无所肯定的概念,看着似乎是无用,但可能是有大用。哲学不能增进人们对于实际的知识,但能提高人的精神境界。我在《新原人》中指出,人的精神境界可能有四种:自然境界,功利境界,道德境界,天地境界。天地境界最高,但达到这种境界,非经过哲学这条路不可。

我以为,这段话是冯友兰哲学思想(《中国哲学史新编》)之眼。冯氏的哲学体系经历了几十年的反复,最终又回到了原处,然而那不是简单的周而复始,不复是当初发现了这个道理的情景,而是"身体力行"地进入了化境。怎样叫"身体力行"呢?就是先用西方哲学史的传统方法(如实证主义等），后来又像《自序》里说的用了一阵苏联"学术权威"的方法，又用了几年"评法批儒"的方法，终于很深切地理悟到不能生吞活剥"依傍"任何别的方法。按理说，这样的"理悟"对于冯先生来说并不困难，本不必经过这一类的曲折，如果不是由于某种政治社会环境难以抵御而不得不屈以求合的话。任何人在得出一个道理之前，都要有一个求索的过程，何况哲人探索的是天地人生的境界呢。然而，这种探索总不会移出所探索的对象自行运行的轨迹。

中国哲学，我体会有两副面孔糅在一处。一副面孔是讲政治的、讲道德伦理的，这多是讲世界应该是什么样子的。这就是《大学》里的那几句话。叫作"自天子以至于庶人，壹是皆以修身为本"。接下去，是人人都熟悉的"齐家，治国，平天下"。这副面孔，十七八世纪的西洋人称之为"应用哲学"，意即中国哲学是"经世致用"之学。中国哲学还有另一副面孔，是西洋人一直弄不懂的，那就是冯先生所讲的"道学"，是讲精神境界的，最高境界就是"天地境界""廓然大公""浑然与物同体"。这部分中国哲学是儒道释的融合体，它不是直接地为了"经世致用"。照冯先生的说法，对于这部分中国哲学不能只作文字上的了解，它不是中国旧日所谓"口耳之学"。"口耳之学"固然容易，但并不能对于人的精神境界起什么作用。哲学的概念，如果身体力行，是会对于人的精神境界产生提高作用的。这种提高，中国传统哲学叫作"受用"。"受用"的意思是享受。哲学的概念，是供人享受的。例如"大全"这个概念，就可以使人得到很大的受用。我想，冯先生发挥了张载的"不以见闻梏其心，其视天下无一物非我"的思想，所谓"德性所知，不萌于见闻"（《正蒙·大心篇》）。所以，中国哲学（至少这一部分哲学）不能"立竿见影"地学了就用，更无法"急用先学"。当然，这两副面孔是统一在一个人身上的，不能只看到其中一副。"天地境界"里面融进了一种可以包容天地的胸襟，这是道德、人格的升华；升华到与万物同一，张载叫作"大其心方能体天下之物"，是对孟子"万物皆备于我"的一种解释和引申。宋明理学的成就之一是在把两副面孔统一起来的同时，把天地境界中"廓然大公"的那一面放在很突出的位置上。这样，中国哲学就有了极大的包容性，它抽象到可以覆盖一切、包罗万物，唯物唯心都无可逃逸，都能纳入其中，而且不同时期的社会道德标准都可以被解释得与之相容、与之相通。你可以把中国宗法社会的君君臣臣父父子子解释成符合"廓然大公"的境界，张载的《西铭》就是这样做的。到今天，你也不妨把公而忘私的"为人民服务"精神解释为符合"廓然大公"的境界。

冯先生在《总结》里提出的另一个重要思想是"从中国哲学的传统看世界哲学的未来"。冯先生似乎来不及像对"天地境界"那样进行详详细细的论证，只是提出了一个方向，他好像直到告别人世时还在沉思着这个问题。说"世界哲学的未来"，其实也是"世界的未来"。这"未来"自然不是指未来的固定的那一个时期，更不是指明天后天、明年后年之类，他说的是一个方向问题。这个方向的出发点仍然是那个"天地境界"。问题的提出是怎样看待"客观的辩证法"。很久以来，我们已形成了一种不容移易的成说，即事物矛盾斗争是绝对的，无条件的；统一是相对的，有条件的。由此而形成了我们已习惯了的"斗争哲学"，有时甚至作为一种政治标准来看待。通俗的叫法是"一分为二"。一个道理一旦被绝对化了，就会生出许多荒谬的故事来。对哲学是不便这样绝对化和简单化的。冯先生在《总结》里没有说他赞成或不赞成，但从行文中看，《总结》表达的思想，显然是不赞成的。他有这么一段话：

> 客观的辩证法只有一个，但人们对于客观辩证法的认识，可以因条件的不同而有差别。照马克思主义的辩证法思想，矛盾斗争是绝对的，无条件的；"统一"是相对的，有条件的。这是把矛盾斗争放在第一位。中国古典哲学没有这样说，而是把统一放在第一位。理论上的这点差别，在实践上有重大意义。

接着，冯先生引用了张载的几句话来归纳中国古典哲学的辩证法：

> 有象斯有对，对必反其为；有反斯有仇，仇必和而解。（《正蒙·太和篇》）

冯先生和张载的两段话已经把意思说明白了。其实，从哲学上看，一些表述上的差别，都是会在辩证发展中归于一统的。然而在表现为差别时，分歧和争论（乃至论战）在我国往往都表现为"你死我活"的"斗争哲学"，直至某些时期把主张"斗争哲学"定为马克思主义,且容不得持有异议,就很难说话了。20世纪50年代批判"合二而一",就是这样的。而一旦被判定为"非"或"反"马克思主义,那可就严重了。

其实,哲学问题是不可能用几个字或某种"提法"来概括的,它也不只是管着一个时期的。凭几个字的"提法"定乾坤,常常要出毛病。矛盾斗争当然有,而且无时无处不在,但是在中国古典哲学里,它是在天地混一这个大统一体里的矛盾斗争。此其一。矛盾斗争,到一定的火候就会破坏两个对立面共处的统一体,原来的统一体就让位给另一个统一体。此其二。这是个哲学规律,张载说的就是这个道理。人类社会也是按这个道理运行的。都说中国哲学只讲"应当如何",即表达人的一种主观愿望,英文叫作"Ought to be",而不研究"如何"即外界是个什么样子,西文叫作"to be""sein"。这个说法不完全确实。中国古典哲学很大一部分是研究"to be"的,尤其是儒道释三家中的后两家。宋明理学中很多都讲的是"to be"范畴里的事。就是冯先生所说的"客观的辩证法","而'仇必和而解'是客观的辩证法","但历史发展的过程是曲折的,所需要的时间,必须以世纪计算"。

《中国哲学史新编》是一部百万余字的大书,《总结》则把这部大书的神经中枢抽了出来。冯先生从中国哲学的传统中悟出世界哲学的未来,借此告诉世人,今天的世界虽然充满了斗争,但客观的辩证法是"仇必和而解","不管人们的意愿如何,现代的社会,特别是国际社会,是照着这个客观辩证法发展的"。

冯先生的这些看法使我想到了中国古代理想的"大同世界"和康德的"理性社会"。而对这些,马克思主义是不该取排斥态度的。冯先生的突出贡献则在于他使中国古典哲学具有了一种博大精深的覆盖力量和融通精神。

1993 年 1 月 24 日

* 辑二 *

求"静"

顾宪成《小心斋札记》云:

> 程子每见人静坐,便叹其善学。罗豫章教李延平于静中看喜怒哀乐气象。至朱子又曰:"只理会得道理明透,自然是静,不可去讨静坐。"三言皆有至理,须参合之始得。

然而,静并不是空,并不是脱离开对世事的体察和对人情的信念。

> 《识仁说》曰:"仁者浑然与物同体",只此一语已尽,何以又云"义礼智信皆仁也"?及观世之号为识仁者,往往务为圆融活泼,以外媚流俗,而内济其私,甚而蔑弃廉耻,决裂绳墨,闪烁回互,谁己谁人,曾不省义礼智信为何物,犹偃然自命曰"仁",然后知程子之意远矣。性即理也,言不得认气质之性为性也。心即理也,言不得认血肉之心为心也。皆吃紧为人语。

泾阳先生的"静"是在一定道德伦理原则下求"静",

是有一定道德规范的；心并非血肉之心，性也不是气质之性。所以他反对"外媚流俗，而内济其私，甚而蔑弃廉耻，决裂绳墨，闪烁回互，诳己诳人"那样的行为。这就叫作讲良心。而要讲良心就难以（根本不可能）做到纯然的"静"。脱离开"仁"的"静"是不存在的。

以为心性之学便是空灵，诚然是误解。至少得看人。《明儒学案》中有一段描绘顾宪成对世事观察的冷峻和气质之幽默的：

> 娄江（王锡爵）谓先生（顾宪成）曰："近有怪事知之乎？"先生曰："何也？"曰："内阁所是，外论必以为非；内阁所非，外论必以为是。"先生曰："外间亦有怪事。"娄江曰："何也？"曰："外论所是，内阁必以为非；外论所非，内阁必以为是。"相与笑而罢。

王锡爵终归不是魏忠贤，所以还能"相与笑而罢"。但是这回是"罢"了，后来仍忍无可忍，"遂削先生籍"。无奈"先生"不甘寂寞，办起什么东林书院，弄了一帮子书生，讲学之余"裁量人物，訾议国政"，虽然用意在于"冀执政者闻而药之也"。开始时"庙堂亦有畏忌"，但后来东林以清议获罪，那时作为首倡者的顾先生已不在人世了。或曰"清议"也者无非是一帮子知识分子"臭贫"而已，其实倒不尽然，黄宗羲就认为"清议熄而后有美新之上言，媚奄之红本，故小人之恶清议，犹黄河之碍砥柱也"。

其实顾宪成对于人间的是非，也是睁一只眼闭一只眼的。他总是小心翼翼的，或许这即"小心斋"之所以得名。顾先生说：

> 人须是一个真。是非之心，人皆有之，只以不真之故，便有夹带。是非太明，怕有通不去，合不来的时节，所以须要含糊。少间，又于是中求非，非中求是；久之且以是为非，以非为是。无所不至矣。

顾宪成、高攀龙辈，去今已几百年了。他们带有病态的性格，在中国的知识分子的史传中起了承上启下的作用。直到今天，在不少知识分子的心态中仍能见到他们的影子。阿Q要是变成知识分子，可能也是这样。研究中国知识分子的历史病根，不可略去程朱理学到明末诸学案这一段。

1989 年 6 月 24 日

"著相"与"不著相"

顾宪成《小心斋札记》云:

> 周子主静,盖从无极来,是究竟事。程子喜人静坐,则初下手事也。然而静坐最难,心有所在则滞,无所在则浮。李延平所谓看喜怒哀乐未发气象,正当有在无在之间,就里得个入处,循循不已。久之气渐平,心渐定,独居如是,遇事如是,接人如是,即喜怒哀乐纷然突交于前,亦复如是。总总一个未发气象,浑无内外寂感之别,下手便是究竟处矣。

我想,能在无在之间不受喜怒哀乐的侵扰的人,是有福相的人。不过要做到如此之"不著相"是很难的,甚至不可能完全做到。

《小心斋札记》还有一段话:

> 近世喜言无善无恶,就而即其旨,则曰:"所谓无善,非真无善也,只是不著于善耳。"予窃以为经言无方无体,是恐著了方体也;言无声无臭,是恐著了声臭也;言不识不知,是恐著了识知也。何者?吾之心,原

自超出方体、声臭、识知之外也。至于善，即是心之本色，说怎著不著？……昔阳明遭宁藩之变，日夕念其亲不置，门人问曰："得无著相？"阳明曰："此相如何不著？"斯言足以破之矣。

所以，"不著相"只是有涵养的意思，也可以由于想穿了而"不著相"，一切解脱，无复挂碍。然而，终是有要"解脱"和"挂碍"着的事，只是不著相而已。到了无法解脱时，便"此相如何不著"了。

但是，无论如何，遇事能主静，不为之白白地消耗精神，总是一种福气。对于有些事，无论其何等烦人都可以以李延平之道处之。

1989 年 7 月 1 日

无谓的争论
——陆朱"鹅湖"之争

黄宗羲在《象山学案》的一则案语中评论陆九渊和朱熹"鹅湖"之争时有这样几句话:

> 嗟乎!圣道之难明,濂洛之后,正赖两先生继起,共扶持其废堕,胡乃自相龃龉,以致蔓延今日,犹然借此辨同异以为口实,宁非吾道之不幸哉?虽然,二先生之不苟同,正将以求夫正当之归,以明其道于天下后世,非有嫌隙于其间也。道本大公,各求其是,不敢轻易唯诺以随人,此尹氏所谓"有疑于心,辨之弗明弗措",岂若后世口耳之学,不复求之心得,而苟焉以自欺,泛然以应人者乎!况考二先生之生平自治,先生之尊德性,何尝不加功于学古笃行,紫阳之道问学,何尝不致力于反身修德,特以示学者之入门各有先后,曰"此其所以异耳"。然至晚年,二先生亦俱自悔其偏重。

所以陆朱之异其实无关要旨。两人到晚年都做了自我批评。这就是陆九渊的《白鹿洞》关于义利之辩的讲义和朱熹的《跋》。

问题是两个老先生在争论，都各有支持者，宗羲案语所谓"宗朱者诋陆为狂禅，宗陆者以朱为俗学，两家之学各成门户，几如冰炭矣"。黄百家案语谓："二先生之立教不同，然如诏入室者，虽东西异户，及至室中，则一也。何两家弟子不深体究，出奴入主，论辩纷纷，而至今借媒此径者，动以朱、陆之辨同辨异，高自位置，为岑楼之寸木？观《答诸葛诚之书》云：'示谕竞辩之论，三复怅然。愚深欲劝同志者，兼取两家之长，不轻相诋毁，就有未合，亦且置勿论，而力勉于吾之所急。'又《复包显道书》：'南渡以来，八字著脚理会实工夫者，惟某与陆子静二人而已。某实敬其为人，老兄未可以轻议之也。'世儒之纷纷竞辩朱、陆者，曷勿即观朱子之言。"

这样的事所在多有，不少属于"无原则纠纷"。若陆朱二人所持论，实在看不出有什么了不起的分歧。后来先生们和好了，双方徒子徒孙却仍揪住不放，衍成"派性"争斗。"鹅湖"之异，说到底只是无谓的争论。

1992 年 10 月 12 日

戴东原的《孟子字义疏证》

《孟子字义疏证》，戴氏晚年之作。临终前一日，戴氏函段玉裁云："仆生平论述最大者为《孟子字义疏证》一书，此正人心之要。今人无论正邪，尽以意见名之曰理而祸斯民，故《疏证》不得不作。"

戴氏弟子洪榜有云："夫戴氏论性道，莫备于其论孟子之书；而其所以名其书者，曰《孟子字义疏证》，然则非言性命之旨也，训故而已矣，度数而已矣。要之，戴氏之学，其有功于六经孔孟之言甚大。使后之学者无驰心于高妙，而明察于人伦庶物之间，必由戴氏始也。"

胡适之说："洪榜书中末段说戴氏自名其书为《孟子字义疏证》，可见那不是'言性命'，还只是谈'训故，度数'。这确是戴震的一片苦心。戴氏作此书，初名为《绪言》，大有老实不客气要建立一种新哲学之意。至乾隆丙申（1776年），此书仍名《绪言》。是年之冬至次年（1777年）之春，他修改此书，改名《孟子字义疏证》。那年他就死了。（此段故事，段玉裁《答程易田丈书》考证最详，我全依此书）大概他知道程朱的权威不可轻犯，不得已而如此做。这是他'戴着红顶子讲革命'的苦心。不料当日拥护程朱的人的反对仍旧是免不了。"

此种做法，古今中外多有。从前的中国要有些新点子，都要拉出古圣先贤来当"保护伞"，以示并非离经叛道。宋王安石、明徐光启，均如此。今人之引用马列毛语录，也有时是为自己找个保驾的。西方在结束了中世纪以后的很长时间里，文人亦每每傍着上帝去批评神权的专制。直到今天，政治家们还时常以上帝的名义干欺负别人的事，或做些行善的事情。

1993 年 7 月 25 日

戴东原的科学方法论

戴震的大贡献之一是科学的方法论，这自然是通过对宋明理学的批判而来的。

"理"作为哲学概念提出，是宋儒的发明创造。它有着重要意义，因为它有助于突现中国学术思想（六经）的哲学内涵，使经学除了政治的、伦理的意义之外，别有了抽象的、探讨本体论的地盘。未经程朱陆王改造过的六经，基本上是"史"，即所谓"六经皆史"。宋儒加进去的这些哲学内涵，本不属于六经，而是受到了"老""释"的影响。戴东原说"宋以来，孔孟之书，尽失其解，儒者杂袭老释之言以解之"，即指此。从此儒道释合成一体，这才有了传衍下来的中国"哲学"。戴氏批评"（宋）儒者以己之见硬坐为古贤圣立言之意，而语言文字实未之知"，然而正是在这中间造就出"哲学"来。

问题是宋儒对于他们提出的那些哲学概念，止于凿空之论，疏于思辨，并不按照他们所说的"即物穷理"去做，结果，"理"成了一个只以"胸臆为断"的空洞原则，至高至上，无所不在，起了西方"神"的作用。

戴震的功劳恰在把"理"这个模糊概念弄个清楚明白，不让它像在迷雾里一样不可辨认。而就在辨认的过程中，戴震不自觉地发挥程朱提出而未实行的"即物穷理"的方法。于是,不可解的"理"成了科学的"理"。所以,戴震的"治经先考字义,次通文理"的贡献,并不止于治经通文本身。

什么是"理"呢？他说：

> 理者,察之而几微必区以别之名也。是故谓之分理；在物之质曰肌理,曰腠理,曰文理。得其分,则有条而不紊,谓之条理。(《孟子字义疏证》卷上)

戴氏也认为"理无所不在",但不是于虚无缥缈间,而在于"天地、人物、事为",即确确凿凿地附丽于客观存在：

> 天地、人物、事为,不闻无可言之理者也。《诗》曰："有物有则",是也。……实体实事,罔非自然,而归于必然,天地、人物、事为之理得矣。夫天地之大,人物之蕃,事为之委曲条分,苟得其理矣,如直者之中悬,平者之中水,圆者之中规,方者之中矩。然后推诸天下万世而准。(《孟子字义疏证》卷上)

这就是说,"理"就是存在于事物(天地、人物、事为)的内部客观规律(自然而归于必然),天地万物都有其"不可易之理"。所以,"理"是客观的,不是随人想象而来的,不能像宋儒那样,"夫以理为'如有物焉,得于天而具于心'。未有不以意见当之者"(《孟子字义疏证》卷上)。

以自己的意见当作统管事物的"理",就是主观主义。

而居高位的人犯了主观主义,严重的会祸国殃民:

> 尊者以理责卑,长者以理责幼,贵者以理责贱,虽失,谓之顺;卑者、幼者、贱者,以理争之,虽得,谓之逆。于是下之人不能以天下之同情、天下之同欲达之于上;上以理责其下,而在下之罪人人不胜指数。人死于法,犹有怜之者;死于理,其谁怜之!(《孟子字义疏证》卷上)

这是讲"理"的第一层意义:理即事物的固有规律性。

"理"的第二层意义是"理存于欲"。一个人生在世上,都要有生存的要求,这就是"欲"。宋儒主张存天理,去人欲。认为只要有"欲",就有"私",而不管那"欲"是人生之所必需;并进而把欲和理对立起来。所以宋儒是不讲人性的,也是不讲人情的。因此作为"人"的"理"也就不存在,"理"和"欲"是分家的、相互否定的。而戴震则恰认为"欲"是人的本质所决定的,"理"是"欲"的反映:

> 人生而后有欲,有情,有知。三者,血气心知之自然也。(《孟子字义疏证》卷下)

> 有是身,故有声色臭味之欲;有是身,而君臣、父子、夫妇、昆弟、朋友之伦具,故有喜怒哀乐之情。惟有欲、有情,而又有知,然后欲得遂也,情得达也。(《孟子学义疏证》卷下)

> 举凡饥寒愁怨、饮食男女、常情隐曲之感,则名

之曰"人欲"。故终其身见欲之难制。其所谓"存理",空有理之名,究不过绝情欲之感耳。何以能绝?(《孟子学义疏证》卷下)

那么,"人欲"是天然的,用斯宾诺莎的话讲:"欲望即是人的本质之自身,这就是说,亦即人竭力保持其存在的努力。"(《伦理学》)那么,何以说,"理"存于"欲"呢?戴震说:

> 天下必无舍生养之道而得存者。凡事为皆有于欲,无欲则无为矣;有欲而后有为,有为而归于至当不可易之谓理。无欲无为,又焉有理?(《孟子学义疏证》卷下)

> 古之言理也,就人之情欲求之,使之无疵之为理;今之言理也,离人之情欲求之,使之忍而不顾之为理。此理欲之辨,适以穷天下之人尽转移为欺伪之人,为祸何可胜言也哉!(《孟子字义疏证》卷下)

这里,似乎又可以用斯宾诺莎的话来加以注解:"理性既然不要求任何违反自然的事物,所以理性所真正要求的,在于每个人都爱他自己,都寻求自己的利益——寻求对自己真正有利的东西,并且人人都力求一切足以引导人达到较大的圆满性的东西,并且一般讲来每个人都尽最大的努力保持他自己的存在。这些全是有必然性的真理,正如全体大于部分这一命题是必然性的真理一样。"(《伦理学》)使人的正当欲望得到满足（"圆满性"），就是理性的法则，并且本着它去做——"有欲有为"，即符合自己本性的"理"的原则。在此，戴东原是毫不含糊的人本主义者、理性主义者。"有欲而后有为""无欲则无为"，这是千真万确的真理，是顺乎自然法则的道理。欲、情、知是串联在一起的，都是"心之所同然"。"心之所同然"，便是"理"，否则只"存乎人之意见"，就是主观臆测，便不是"理"。

所以，戴震的"理"是实实在在的、可以捉摸的，不能靠"静坐"得来。因此，"理"须靠对事物的归纳和分析得来，所谓"事物之理，必就事物剖析至微，而后理得"。"理"无它，乃是"条理"之"理"："总须体会孟子'条理'二字，务要得其条理。由合而分，由分而合，则无不可为。""理亦是'理解'之'理'。古人曰理解者，即寻其腠理而析之也。"

戴震对宋明儒理学的分析，对于受朱学统治的士大夫来说，是有启蒙意义的。这又与专事训诂考据的清学不一样。惜乎戴氏的这些新意被湮没了，在解经的大盖子下面，这点亮色并没有彰显出来。

1993 年 8 月 7 日

孟子与"国际关系"准则

《孟子·告子下》云:

> 宋牼将之楚,孟子遇于石丘。曰:"先生将何之?"曰:"吾闻秦楚构兵,我将见楚王说而罢之。楚王不悦,我将见秦王说而罢之。二王我将有所遇焉。"曰:"轲也请无问其详,愿闻其指。说之将何如?"曰:"我将言其不利也。"曰:"先生之志则大矣,先生之号则不可。先生以利说秦楚之王,秦楚之王悦于利,以罢三军之师,是三军之士乐罢而悦于利也。为人臣者怀利以事其君,为人子者怀利以事其父,为人弟者怀利以事其兄。是君臣、父子、兄弟终去仁义,怀利以相接,然而不亡者,未之有也。先生以仁义说秦楚之王,秦楚之王悦于仁义,而罢三军之师,是三军之士乐罢而悦于仁义也。为人臣怀仁义以事其君,为人子者怀仁义以事其父,为人弟者怀仁义以事其兄,是君臣、父子、兄弟去利,怀仁义以相接也。然而不王者,未之有也。何必曰利?"

这里讲的是秦楚之间的关系,两家要打仗,宋牼想晓以利害,劝他们不要打。孟子认为不应该用利与不利的理由去劝说，而应该用是否符合仁义的道德标准去劝说他们。这是两种对立的观点。宋的观点是"现实主义"的，孟子的观点是"理想主义"的。"理想主义"是道德的，符合孟子的"人性论"。按照孟子的主张，国家之间要讲仁义，不要讲利害。

孟子的主张讲了一辈子，从没有实行过一天。再有，孟子的解释有些文不对题。他们讲的问题是"秦楚构兵"，劝秦楚之王罢师；孟子却讲起君臣、父子、兄弟之间要讲仁义、不要讲利害来，岂不是驴唇不对马嘴吗？偷换概念，是孟子同人对答时常用的办法。

1993 年 8 月 20 日

王国维的"西学时期"

王国维治学一生，成绩最卓著的，当然是金石甲骨史学；最为人所知的是《人间词话》；但其思想最活跃、最有生气的阶段，我认为，是他青年的"西学时期"。

他在短短不足十年的时间里——从22岁到30岁（1899—1907）——四次读康德的书，契心于叔本华的美学，涉猎了西方哲学、文学、社会学、心理学、逻辑学等诸多学科。仅从《静庵文集》和《续集》中收进的文章，即可见他是怎样如饥似渴地读这些书的。冯友兰在《中国哲学史新编》中说："西方近代哲学主要分为英国经验派和大陆理性派，严复是经验派的介绍者，王国维是理性派的宣传人。"此言不虚。

王国维对康德和叔本华的哲学真是下了苦功的。他第一次读康德的《纯粹理性批判》，啃不动，几读几辍，后来发现叔本华的知识论可以通向康德，于是便读了整整两年叔本华，之后再返回康德，才觉得比较顺了。他读《纯粹理性批判》后，写了一篇撮述要义的长文《汗德之知识论》，分为十点加以释义。这大概可以算作"读书笔记"吧。以我的水平看，他梳理得切中肯綮，好像是这本书的一份"提纲"。我想，初学康德的人读一读王国维这篇文章也一定会有帮助的；因为这是经过苦读而加以消化了的、"中国化"的对康德的解读。

我感觉，诚然王国维自述是从叔本华上窥康德的，但时时可以发现他对中国哲学特别是宋明理学的理解，也帮了他的大忙。《释理》那篇文章就反映了他对中西哲学的通解能力。例如，他分析了各种西文"理性"（reason）的语源，以及中国哲学中"理"字的语源，认为中西之"理"源流变化，虽然各走各的路，却在形而上学和伦理学的意义上，有可以察异会通之处。联想到近时竟然曾有一种说法，说西方的"理性"是从中国的"理"传过去的，那真是一种没有历史根据的"创见"！学术问题来不得半点随意性，青年王国维在钻研西学时便是一板一眼的，严肃认真的。

王国维十分敬佩康德，有名的《汗德像赞》可证。在这篇四言诗里，康德颇有点像峨冠大袍的中国化的圣人了，想来王国维心目中的康德就是个"圣人"，请看："赤日中天，烛彼穷阴；丹凤在霄，百鸟皆暗。"康德是天上的太阳，百鸟中的凤凰！不过王国维并不迷信，到第四次读康德时，仍觉有读不通处，发生了"窒碍"；思之再三，恍然大悟，原来之所以有"窒碍"之处，是因为康德自己就没有弄通，"大抵其说之不可持处而已"，怪不得读者。

真正使王国维在思想上受到影响的，还要算叔本华，《红楼梦评论》和《叔本华与尼采》可以表现出王国维对叔氏的"解脱之美""悲剧之美"的理解和浓厚的兴趣。

王国维之于西学，以哲学为重；但对其他如欧洲文学也多有涉猎，而且备极赞誉。例如他写过一篇歌德和席勒的

"合传"，篇末以饱满的激情赞颂他们可与"星月争光"，叹道："胡为乎，文豪不诞生于我东邦！"

然而，西学给王国维更加重要影响的，倒还不在于这些学识本身，而在于使他在中西两种学问的比较中，深深地看透了中国学术固有的弊病，那就是中国学术没有独立的品格。与西方比较，王国维发现在中国的文化史上，凡哲学、诗歌、小说、戏曲、图画诸家，都离不开政治和道德：从孔子以来的哲学家都是政治家；汉朝的贾谊、董仲舒，宋朝的张、程、朱、陆，明代的王阳明，都是政治家。诗人也一样，杜甫的政治抱负是"致君尧舜上，再使风俗淳"，陆游的志向是"寂寞已甘千古笑，驰驱犹望两河平"……"所谓'诗外尚有事在'，'一命为文人，便无足观'，我国人之金科玉律也"。历代文人，"多托于忠君、爱国、劝善、惩恶之意"，王国维认为这是中国没有纯粹的哲学和没有真正的美学的根本原因。

关于学术独立和学术自由问题，王国维有些见识非常之尖锐。例如他说，学术（他特别指哲学）没有中西、新旧、有用无用之分，只有是非、真伪、优劣之别；在是非、真伪、优劣之别之外，若杂以国家、人种、宗教的考虑，便是以学术为一种手段，而不是把学术看作一种目的。"未有不视学术为一目的而（学术）能发达者；学术之发达，存在于其目的而已。"他说，康德的伦理学认为，人是目的，而不是手段。这是人对人而言，人对学术同样应该这样看。

在西学中，由于一开始便读康德和叔本华的书，所以他先入为主，其哲学兴趣即在德国的理性主义一派发展起来。

1906年,王国维随罗振玉来到北京,经荣庆推荐当了学部总务司行走,任图书馆编辑。陈寅恪《王观堂先生挽词》中"海宁大隐潜郎署"即指此事。当时,倡导中体西用的张之洞主持兴办新学,经科文科大学章程中独缺哲学,王国维认为这是"根本之误"。于是在《奏定经学科大学文学科大学章程书后》中,慷慨激昂地力陈其失,亟言把中西哲学列入科目中的必要性。

他说:欧洲各国的大学,当时都以神、哲、医、法四学为基本分科,日本大学文科中把哲学列为首位;任何国家,无论古今东西,凡文化达到一定程度的,一定有相应的哲学以为支撑;因而哲学家必是在国民中最受尊重的人。以英国的历史为例,最为国民引为光荣的人不是惠灵顿、纳尔逊,而是培根、洛克;为德意志民族赢得荣誉的,不是俾斯麦、毛奇,而是康德、叔本华……即使只从发扬光大我国的学术着眼,也必须倚靠兼通世界学术的人,"而不在一孔之陋儒"。他在另一篇文章(《哲学辨惑》)中说,中国古书大半繁散无纪、残缺不完,虽有真理,不易寻绎;而西洋哲学则系统灿然而严整,在形式上已可见孰优孰劣。所以,"欲通中国哲学,非通西洋哲学不易明也",应该借西洋哲学以"活"中国哲学。他预言:"异日昌大吾国固有之哲学者,必在深通西洋哲学之人,无疑也。"

真是读其文可想见其为人。在我们面前不是分明立着一个意气风发、敏学深思、观点明快、渴于接受新思想的青年吗?!零星摘引和介绍的这些观点在当时可以说是超前的,具有相当的启蒙意义和激进色彩。有些话即使拿到今天仍然可以成立；因为在学术独立和学术自由这类问题上，还不能说已经完全解决了。

据此，可以说王国维的青年时期，是一段极具风采的"西学时期"。但是，到30岁左右的时候，他的"西学时期"戛然而止了；渐转向以文学为主，其后则完全投入甲骨考古之学了；刚刚起步已见成绩的西学几乎完全被他自己遗忘或丢弃了。西学在王国维"夭折"了。

我在读王国维在这些年代所写的文字时，总觉得想象中的当年王氏的精神面貌，与20年后自沉昆明湖时的王国维不属于同一生活逻辑。所以，脑子里时时要冒出一种不合事理的想法，不是探问王国维的死因，因为"文化神州丧一身"一语已经道破；我的问题是，如果这"文化"和"神州"的内涵在王氏的认识中发生了变化，他是不是可以不自沉？

问题换一个更明确的提法，如果王国维在30岁时没有弃绝西学，不在刚刚开窍时便刹了车，而是继续下去；那就不排除会出现另一种可能性，即他可能进入西学更加宽广的天地，即使仅仅在康德研究的范围里，也将超过已达到的"释义"水准，进而深入到康德对人生的理性精神和勇于运用理智观察世界的批判性要谛，因为康德本质上是理想主义者、乐观主义者。再进一步假设，如果他不弃绝西学，也许他将会对西方的近世思想有更全面而本质的了解，那时民主、自由的思想将渐渐刻进他的脑中，并终于取代"三纲六纪"的位置。到那时，在他意念中的"文化"和"神州"便将具有新的含义，他的生活意义和路向、他的心境和精神都会起变化，个人悲剧或许不致发生。

当然，这些都是些近乎毫无根据的胡思乱想，其脱离实际是显然的，因为这样的假设等于另造一个根本不同的王国维。

然而，无论如何，我总是对王国维之断辍西学，感到无限惋惜。他本来是可以成为新思想的启蒙者的。

1998 年 10 月于京中芳古园陋室

当代新儒家的哲学内涵

在医院里匆匆看过胡伟希著《传统与人文——对港台新儒家的考察》。这本书介绍了六个人：钱穆、唐君毅、牟宗三、徐复观、张君劢和方东美。

所谓"一些了解"，意即只能及若干皮毛，而且是间接的。至少从其哲学内涵上得出几点印象：

新儒家延续了中国哲学的血脉，特别是儒家的血脉。儒学从先秦起，几千年来，虽曾浸入了若干老庄哲学、佛释思想，宋明得其一变，清代经学大昌，儒学面貌非复原装，但血脉未绝，而承其后者，应就是20世纪初期以来的新儒家。其中应该包括熊十力、梁漱溟以及早期的冯友兰等。这一批新儒家，尽管观点不同，但都是以孔学为根基和起点，通过对中国传统哲学思想的诠解形成各自体系的。

新儒家都极关注中国传统哲学的"本体论"和形而上学的内涵，追索人的生命和宇宙万物的源头，把中国文化中的道德伦理和经世政治的"格言"式的语录，看作人生哲学的外延和现象。因此，常人视为宗法社会的道德规范和礼赞的概念，都被抽象为哲学的理念。

新儒家当中不少人通晓西学，都有意或无意地把中西哲学相互比较，有的人难免受西学方法论的影响，但一般都认为中国哲学优于西学之处，在于中国哲学在追寻"打破砂锅璺（问）到底"之"底"上，比西哲更彻底。因为中国的生命哲学可以包括西方的自然哲学，而西方的自然哲学却不能包括中国的生命哲学。最应一提的，如牟宗三之对康德哲学的补充，在中西哲学之比较和融通中，开辟出一条重在内涵性和内在性的新路，这与把海德格尔比附老庄哲学之形似法大异其趣。

新儒家的重大成就之一，是用西方的逻辑思维深化了宋明清的思辨性，反复论辩提出命题，而不是囿于中国传统的只侧重论断而轻于论辩。

因此，新儒家应被视作中国哲学史中的一个不可缺少的篇章。从中国传统哲学的发展脉络看，他们才是真正的承接者。苏联的哲学家古雷加把德国古典哲学，从莱辛、康德到黑格尔、费尔巴哈，比作一座哲学大厦。那么，新儒家也可视为中国哲学大厦的一个十分重要的部分。

由于他们多生活在中国港台或其他地区和国家，同时又加上从政治观点看人看事，这些新儒家在内地便每每被"另眼看待"，提到他们时总冠以"港台海外"等字样，以示并非"正宗"。若从中国哲学总体看，则这些标签实在是多余的。

1993 年 11 月 4 日

关于"儒学"的"创新"

我对某些海外华人学者大概是抱有一些成见；尤其是喝着咖啡、满口洋文、享受着西方生活方式而口谈热爱中国儒家文化的人，常觉得他们有些矫情。而且偏偏是这些分明一点儿本土气息也没有的半洋人，特别喜欢教训中国人要尊孔、要弘扬中华的传统文化。他们站在天边说地上的事，还自以为高明。

杜维明最近在《读书》上发表文章，题为《儒学创新的契机》。现在有些接触当代西学的中青年，有的是洋博士，他们有一种怪癖，既求洋而新，又喜欢摆弄些"新儒家"，所以海外华人的文章，无论内容如何，便予另眼看待。相似的见解，若出自大陆一般人之口，行情就要差了许多。

杜文没有什么新鲜的见解，不过写得很有技巧；其中唬人之一，就是借用他所熟悉的洋人的名字来讲"新儒家"的经，这是很时兴的一种学风，念出一串洋人的名字（其实不可能真看过多少）以示自己是新潮中人，同时又冒出一声《易经》里有"市场经济"之类。而且口气绝对权威，不容分说。这是似乎近几年才兴起来的风气，与20世纪80年代初不同，那时似乎是"自责"的时候比较多，仿佛事事不如人，总是觉得与别人比无论哪方面都缺了不少，因而有些抱怨生为中国人的先天不足后天失调。近几年不同了，大大地长了锐气；洋人到底也没有什么了不起。"托福"照样考，出国热情丝毫未减，却是颇深长了相当普遍的民族"自豪感"。

这种民族自豪感有几分是洋人（主要是美国）在1989年以后的"制裁"风给刺激出来的。但更多地却是几年来自鸣得意因而滋长起来的虚骄之气。

中国的民族主义真是各式各样的表现，因时而异。月亮是外国的圆，是民族自卑；然而月亮是我们的最圆，就对头吗？一次，我说，中国古代没有市场经济。有人便斩钉截铁地说，《货殖列传》里就已经有了。当然，如果说只要有商业，就有市场；有市场，就有市场经济，那么，何止《货殖列传》里有，春秋战国、夏商周就有了。可是如果不给"市场经济"赋以现代的意义、不从一种制度体系的角度来使用这个词，那又有什么意义呢？

清朝初年曾有过一派"西学源于中土"的言论，其顽固相是很可笑的。今天的人不该学这副样子。

至于杜维明的文章与这些不是一路，不是"西学源于中土"，而是说，现在出现了不同于西方的"东亚型"的现代化，而东亚社会是有"儒"家因素的，因此，可能有一种"儒"学传统起引导作用的现代化，所以这是"儒"学"创新"的契机。或者说，"儒"学传统实现"现代转化"，就会在东亚的现代化中发挥作用。

现在出现了一个逻辑上的问题。儒家东亚的现代化有"儒"学因素，那么必是"创新"或"转化"了的"儒"在起作用。然则，经过"创新、转化"的"儒"又是个什么样子呢？若是"西化"之"儒"则已不是原来的"儒"了。问题还在于东亚小龙们之所以腾飞并不是靠了它们本来就没有的"儒"学，而还靠了西洋的方法；就如同中国之建设社会主义现代化，还是靠改革开放的一系列举措和政策。这些举措和政策，有哪些是根据"创新、转化"了的"儒"学制定和进行的呢？

1997 年 9 月 28 日

"天理""人欲"辨

《书屋》第九期刊文《作家学者化确实不容易》（以下简称"文章"），批评王蒙对宋儒说的"存天理，灭人欲"的理解有误。文章引了王蒙先生的话："宋儒主张存天理灭人欲，而且人欲要彻底地灭，这是混账之极的学说……"文章作者先是看到郑也夫先生的一篇评论，对王说感到"震惊"。郑先生十分认真，便向一位"大儒"请教，大儒也很认真，打开"一本本线装书"，引证了朱夫子几段语录，以示王蒙之误；据说这些话在《朱子语类》中"俯拾皆是"。于是文章作者认为"朱熹并没有把天理与人欲说成两个东西，而是你中有我，我中有你，两者的区别十分细微……"还说"天理"里包括了"人欲"，甚至以为"朱熹语涉时弊，更是真正的思想道德建设……"云云。

这个故事有趣。老朽不才，自从青年时接受了些"新思想"起便一直认定，宋儒的有关伦理道德的这一套（不谈宋儒在形而上方面的学说）于世道人心具有维护封建道统、压抑和戕害人性的作用，流毒所至，绵延未绝。几十年过去，难道原来竟搞错了吗？

这个故事，涉及相互关联的两个问题，一是对这句话怎样理解；二是这类旧礼教思想对社会、对人心起了怎样的作用。我谫陋不学，没有去查"一本本线装书"，只在书架子上找出两三本书来，也抄录几段如下：

> 须知天理只是仁义礼智之总名，仁义礼智便是天理之件数。[1]（按，"人欲"不在内）
>
> 况天理人欲，决不两立。须得全在天理上行，方见人欲消尽。[2]
>
> 又说：天理、人欲，此长彼必短，此短彼必长。[3]
>
> 孔子之所谓"克己复礼"。《中庸》所谓"致中和，尊德性，道问学"。《大学》所谓"明明德"。《书》曰："人心惟危，道心惟微，惟精惟一，允执厥中。"圣人千言万语，只是教人存天理，灭人欲。[4]
>
> 人欲云者，正天理之反耳。[5]

以上几段话，说明朱熹不打"马虎眼"，言之凿凿，说"天理"和"人欲"不是"你中有我，我中有你"，而是"此长彼短，此短彼长"，"决不两立"的。

更重要的，还在于这一套道学、封建礼教几百年来所造成的对人的精神和心灵的毒害，任你怎样解释，这才是问题的要害。胡适在1925年写了一篇《戴东原的哲学》长文，

---

[1]《宋元学案》，中华书局1986年版，第1528、1531、1534页。
[2] 同上。
[3] 同上。
[4] 转引自冯友兰《中国哲学史》，台湾商务印书馆1993年版，第918页。
[5]《胡适学术文集·中国哲学史》，中华书局1991年版，第1031—1032、1034页。

借戴震的分析，说宋儒的"天理""人欲"之说是"绝对的二元论"，其结果便是"极端地排斥人欲"。接下来，胡适讲了这样一段话：

>……他们以为"去人欲"即是"存天理"的唯一方法。这种排斥人欲的哲学在七八百年中逐渐造成了一个不近人情，冷酷残忍的礼教。戴震是反抗这种排斥人欲的礼教的第一个人。他大声疾呼地喊道："酷吏以法杀人，后儒以理杀人，浸浸乎舍法而论理，死矣！更无可救矣！"他很大胆地说，"理者，情之不爽失者也"；"情之至于纤微无憾是谓理"。①

戴震生于清雍乾年代，对于"理、欲"之辨颇多振聋发聩之语，说"理者，存乎欲者也"②，"人死于法，犹有怜之者。死于理，其谁怜之！"③ 在吃人的礼教盛行之时，在三百年前即所谓"康乾盛世"之时发此惊人之语，所以胡适才说"戴震是反抗这种排斥人欲的礼教的第一个人"。我认为胡适完全说得对，我这个年龄的人虽然没有赶上近百年前的"五四"，却深受那个时期反礼教的影响，对于"存天理灭人欲"之类造成的有形无形的祸害，从不做第二种解释。今天王蒙斥"存天理灭人欲"为"混账之极的学说"，有何不可？

郑也夫先生见于报刊上的许多演讲和文章，颇多卓见，

---

① 《胡适学术文集·中国哲学史》，中华书局1991年版，第1031—1032、1034页。
② 同上。
③ 同上。

令人佩服；唯于此道，却少了些历史和宏观的深究。

这篇文章对我也有启发，尤其是文题《作家学者化确实不容易》。不过，且不说作家学者化不容易，当今之世，学者"学者化"又何尝容易？所以，要多读书的劝告，是完全正确的意见。鄙人忝列学界，能不慎欤！

如今，"五四"之声式微，"国学热"大盛，祭孔、搞孔子的"标准像"、到处办"孔子学院"，连"大款们"也竞相出高价去高等学府补"国学"的课，等等，不一而足。因怕不认识了今天的时代，故本文亦是因联想有感而发。

如有王者，必世而后仁

子曰："如有王者，必世而后仁。"

这句话有些历史哲学的意义。历史要以"世"论；要改变一个民族的命运和品格，同样须以"世"计。即以中国人的民族性来论，要去掉那些"劣根性"，就不是可以计日程功的。

这里，一以贯之的"教化"之功是不可少的。以为经济上去了，就什么都跟着上去了，那是妄想。"仓廪实而后知荣辱，衣食足而后礼义兴"，这是对的；但中国也有"饱暖思淫欲"一说。当代人类社会学家诺贝特·埃利亚斯认为西方的道德风尚、礼仪习惯，是在中世纪里的好几个世纪当中培养出来的，他把这个道理写进了他的代表作《文明的进程》。

德国人对于"文明"和"文化"的概念与英法不同。在德国的概念中，"文明"和"文化"是对立的。康德有这么一段话："我们由于艺术和科学而有了高度的文化。在各式各样的社会礼貌和仪表方面，我们是文明得甚至于到了过分的地步。但是要认为我们已经道德化了，则这里面还缺少很多的东西。因为道德这一观念也是属于文化的；但是我们使用这一观念却只限于虚荣与外表仪式方面表现得貌似德行的东西，所以它只不过是成其为文明化而已。"(《历史理性批判文集》)康德理解的"文明"与我们不尽相同，他没有把"物质文明"包括在内。但是至少有一点很有启发，就是"文明"不能自动地产生体现"道德化"的文化，而"道德化"是必须经过美育的"教化"才能完成的。所以康德写了纯粹理性和实践理性的批判之后，又写了《判断力的批判》，康德的"文化观"才大功告成。

这使我想到咱们的孔夫子。一次，孔子带着冉有到了卫国，看到那里的情况，师徒间有了下面的对话："子曰：'庶矣哉？'冉有曰：'既庶矣，又何加焉？'曰：'富之。''既富矣，又何加焉？'曰：'教之。'"有了这个"教之"，孔子的"文化观"也就完成了。

所以不能以为"仓廪实"就自然而然地使人有了荣辱之别，也不能以为"衣食足"的人就一定懂得礼仪。若不兴"教化"，其结果可能是相反的——弄得不好，愈是富足，文化水准和道德水准愈是下降。君不见腰缠万贯而为富不仁、举止粗鄙者乎？

而且大兴"教化"还须雷打不动地一以贯之，才能"必世而后仁"。

1994年1月19日

"内圣外王"与史官文化

熊十力首言儒家有内外两学,所谓"内圣学"和"外王学"。牟宗三要开出"新外王",也是从熊十力那里来的。

"内圣外王",初见于庄子《天下篇》。所谓"内圣外王之道,暗而不明",是因为天下不统一,"道术将为天下裂"。熊十力《读经示要》以《大学》之格物致知、正心修身等解释庄子的"内圣";以齐家治国平天下解释庄子的"外王"。《乾坤衍》等更以《周易》释之。总之从《易》起,《大》《中》《论》《孟》都不外是对"内圣外王"的阐发。牟宗三之"新外王"则把建立现代的政治经济社会体制都纳入其中,成为当代新儒家把儒家与资本主义结合起来的理论构架。

其实,"内圣外王"实在与范文澜所说的"史官文化"倒是有些相通,同是为宗法封建的政治权威服务的,它是那种经济基础的上层建筑。牟宗三赋以新意,已不是"内圣外王"的本意了。

按庄子的意思,如果要"内圣外王",要"明",那么天下必定是统一的,"道术"也必定是源于一,而不是分裂的。

"内圣外王"和"天人合一"都是中国哲学中最"高屋

建瓴",也最疏离空泛的概念,谁都可以按自己的意图去解释。想通了这一点,也就不必去进行这场"概念游戏",一定要说这些概念可以包容现代、后现代、科技信息、民主自由……谁又能去反驳呢?

1995年3月13日

养病的哲学兼及"气功"

这次是从1991年以来第三次住进医院里来了。每次个把月，说明还没有病入膏肓。

久病知医，心里有个数：一是时好时坏，自我感觉"特别"良好时，要准备着也许潜伏着什么。二是这种病（肾衰竭）的总的趋势，必是愈来愈严重。"保守"疗法也罢，"血透"也罢，都是为了尽量延缓它恶化的速度。这就是心中有数的"数"。

讲到"数"，《吕氏春秋》里有一篇《尽数》。何谓"尽数"？陈奇猷先生说："尽数者，尽其天年也。"这看起来颇有些"消极"：听天由命就是了。其实不然，这里面有积极的道理。陈氏认为，"尽数"乃方技家之言。《汉书·艺文志》曰："方技者，皆生生之具，王官之一守也。"意思是懂得了养生之道，则疾病可除而天年可得矣。

近些年来，颇有些朋友劝我试试"气功"，不同的朋友向我推荐不同的"功"。一般我都是姑妄听之，也颇感谢朋友们的好意，但是总是"心不诚、信不坚"，觉得与阴阳家之所为差不多。当然更屡听到李少君式的"气功师"终因装神弄鬼而身陷囹圄的。不过推荐者则一直说他们推荐的是真货色，言之凿凿，不容怀疑。

这篇《尽数》或许可以为"真正"的气功提供些哲学依据。《尽数》中有些很要紧的话，如说："毕数之务，在乎去害。"何谓去害？东汉高诱注云："万物有不便于生者，去之。"《尽数》中列出三方面有碍健康的现象。第一是："大甘、大酸、大苦、大辛、大咸，五者充形则生害矣。"吃东西要特别注意。第二是："大喜、大怒、大忧、大恐、大哀，五者接神则生害矣。"要控制自己的情绪，保持平和的气度，遇事莫动感情。第三是："大寒、大热、大燥、大湿、大风、大霖、大雾，七者动精则生害矣。"冷热不均，忽寒忽暖，都容易致疾。然后总结一句："故凡养生，莫若知本，知本则疾无由至矣。"总而言之，养生之道，一要精气流动，再要饮食得宜。

何谓精气流动呢？就是保持精气的通畅、舒展、生动，而不是郁结在一个牛角尖里。这很大成分属于精神作用。精神舒缓、达观，可以起到物质上的作用。《尽数》中有两段话，我以为说得很好：

> 精气之集也，必有入也。集于羽鸟与为飞扬，集于走兽与为流行，集于珠玉与为精朗，集于树木与为茂长，集于圣人与为夐明。精气之来也，因轻而扬之，因走而行之，因美而良之，因长而养之，因智而明之。

> 流水不腐，户枢不蠹，动也。形气亦然，形不动则精不流，精不流则气郁。郁处头则为肿为风，处耳则为挶为聋，处目则为𥌓为盲，处鼻则为鼽为窒，处腹则为张为疛，处足则为痿为蹶。

可见这"气郁"是最要不得的，如果困于气郁，健康人会郁结成病，生病的人则会病上加病。

至于饮食得宜，这好理解。《尽数》中也有一段话讲饮食的：

> 凡食无强厚，味无以烈味重酒，是以谓之疾首。食能以时，身必无灾。凡食之道，无饥无饱，是之谓五脏之葆。口必甘味，和精端容，将之以神气。百节虞欢，咸进受气。饮必小咽，端直无戾。

这讲的是饮食有度，不得过量；进餐时要从从容容，不要狼吞虎咽。那时的人不懂"营养学"，所以饮食问题只能说这么些。

以上"精气流动"和"饮食得宜"两端，是非常符合中国哲学之中庸、中和之道的，不过火，不动气，心境平和，松弛舒缓。各种"气功"的哲学根据大概就是这些。先秦为阴阳家、方技家、老庄哲学，后来又益之以佛学。宋儒讲"静坐"，盖亦"气功"之一法。至于"发功治病"，则似是别一门道，与普通老百姓的所谓"气功"差不多。"气功"到底是真科学，还是伪科学，真也说不清。

不过《尽数》有一点说得很明白，它所讲的"养生之道"，与骗人的巫医卜筮并非一路，那界限是极分明的：

> 今世上卜筮祷祠，故疾病愈来。譬之若射者，射而

不中，反修于招，何益于中？夫以汤止沸，沸愈不止，去其火则止矣。故巫医毒药，逐除治之，故古之人贱之也，为其末也。

1995年5月1日于天坛医院

析"理"

宋儒的"理"与西方哲学中的"理性"有没有通感？提出这个问题，大概是因为"reason"译成中文的"理性"中有个"理"字。但我们只有"性理"之说，那与"理性"恐截然两事。另，中国的"理"有译成洋文为"reason"者，这样中、西的"理"就变成一个"理"了。不过有相当多的西方人不承认，因为西方的"理性"是源于神学和希腊哲学的合流，它不仅是因果律，尤其是本体的存在。中国的"理"却无这层宗教的意思。

《二程遗书》说："天下物皆可以理照；有物必有则，一物须有一理。"朱熹说得最详，但精神不离这几句话。他说得比较醒豁的一句话，我觉得是"理也者，形而上之道也，生物之本也"。相对的另一句话是："气也者，形而下之道也，生物之具也。"其源盖出于《易·系辞》"形而上者谓之道，形而下者谓之器"。

诗人戴东原说"理"即"肌理"之"理"，"条理"之理，比宋儒好懂多了，但却少了宋儒的形而上的意味，倒有点像"归纳"法的方法论了。胡适说戴东原有实证主义的味道。

张东荪说，"理"相当于西方的"order"（秩序），

"理""礼"同源，均受命于天，是等级观念的反映。"礼"是等级之"礼"，"理"因"礼"出，体现了一种"秩序"。西方有的传教士也有这种意思，他们把"理""礼"都音译为"Li"，而不揣译为"reason"，认为它们都是道德概念、社会概念，而不是哲学概念。西哲莱布尼茨认为"理"有西方的"神"的属性，但未说"理"可认同于"理性"。

冯友兰用希腊哲学释"理"，说"理"与"气"是一般与特殊的关系，"理"相当于亚里士多德的"式因"和"终因"，"气"相当于亚里士多德的"质因"和"力因"。

宋儒的"理"与西之"理性"亦有可通感处。例如，"理"和"理性"都是形而上的。"理也者，形而上之道"与康德的理性的超验性之间，不能说不可通；"理"是对着"气"说的，"理性"是对着"感官"（经验）说的。中国的"理"源于抽象的"天"，西方的"理性"源于本体的"神"，而"天"与"神"在宗教上厥为两事，然其为至上权威则一。或可说，"理"与"理性"都有因果律的内涵，但"理"几乎没有"理性"的本体论内涵。所以到有无本体的问题上就说不通了。17世纪末德国哲学家莱布尼茨和法国哲学家马勒伯朗士各有一篇谈论"理"的专文，莱布尼茨着意与宋儒求同，马勒伯朗士拼命与宋儒立异，但一碰到神本体问题，便都通不过去了。

当然，就宋儒对"理"的解释和西方十八九世纪对"理性"的解释来看，都是说要讲道理，则一。中国人说：要"摆事实，讲道理"，所谓"即物寓理"；西方人的reasonable，其字源即reason。总之，"理"也罢，"理性"

也罢,都包含有合理的内容;不讲道理,也就不是"理",也不是"理性"了。对于是否承认自在物,则宋儒与莱布尼茨异,而与笛卡尔、康德同。

1996 年 12 月 27 日晨

即物穷理

举凡一切可以称之为学问的学问，都有它不受外在因素影响的品质。做学问的第一要义就是求真求实。这"真"和这"实"，只存在于那学问的对象之自身。

这样的精神在中国先哲中，并不十分之注重。这是因为从前中国占支配地位的精神是顾准说的"史官文化"。所谓"左史记言，右史记事"。刘泽华近著《中国政治思想史》的"小序"中说了三句话。他说，中国古代政治思想的主题可归纳为："君主专制主义、臣民意识、崇圣观念。"这与"史官文化"是可以相表里的。透过"史官文化"看到的古代中国社会的真实，基本上可以用这三点来概括。

然而，这样的社会真实，在人的认识运动中，却是与圣人们也提倡的"即物穷理"相矛盾的。对于"即物穷理"，宋儒二程是这样记的："所谓致知在格物者，言欲致吾之知，在即物而穷其理也。""至于用力之久，而一旦豁然贯通焉，则众物之表里精粗无不到，而吾心之全体大用无不明矣。此谓物格，此谓知之至也。"这就是要求真知，要"众物之表里精粗无不到"。话是说得极为明白的，问题是在那三点的笼罩下，是不可能做到的。即使"君主专制主义"被推翻了，那不可能同时被扫除干净的"臣民意识"和"崇圣观念"，仍然会作为认识真理的障碍而存在着。所谓"不唯上,不唯书,要唯实",并不那么容易做到。"实践是检验真理的唯一标准""实事求是"等一些格言,人人背得,真到了某些关键时刻,还难免要"唯书",特别要"唯上",即使牺牲了"唯实",也就顾不得了。结果至少不能"众物之表里精粗无不到",以白为黑、是非颠倒的事亦不能免。

尽人皆知,做科学实验是不能心存任何迷信的。做这种实验的人只能把全部心思都用在那实验的对象物上,不允许用任何外在于对象物的因素去加以干扰,无论老幼尊卑,都必须绝对尊重实验的规程和结果。科学的真理性和真理的科学性,是一而二、二而一的事。

经验是重要的;然而无论经验何等重要,也不能代替科学实验。经验只有符合科学实验的要求,才是有效的。

康德曾说,事物的"绝对总体","只有可能在物自身里面找出来"。到物自身以外去找形成物自身的总体条件,就不免产生错觉或幻象。康德是针对着只凭经验不能认识物自身说的。到物自身里面去找物的总体条件,是求得真知的最科学的办法,二程讲"格物致知",讲"即物穷理",讲释《大学》里的"所谓知本,所谓知之至也",可与康德此论打通。

然而要做到这一点很不容易。宋儒不曾做到,因为"即物穷理"这点认识论的火花,被铺天盖地的封建宗法社会的政治哲学和伦理哲学扑灭了。康德一生致力于认识的科学化方法论,用心良苦,用力至勤,构筑起批判哲学的大厦;那大厦过于辉煌,像迷宫那样诱人,也像迷宫那样,使人一旦走进去，便再也不得其门而出。

总之，认识真理，真是一件极难极难的事；绝不是浅尝辄止所能得其万一的。最近读到黑格尔1818年10月22日在柏林大学的"开讲辞"中的几句话，觉得十分亲切，好像在说着今天的事。他说：

> 哲学所要反对的，一方面是精神沉陷在日常急迫的兴趣中，一方面是意见的空疏浅薄。精神一旦为这些空疏浅薄的意见所占据，理性便不能追寻它自身的目的，因而没有活动的余地。

黑格尔指出的这两点倾向，都是与求真求实、与"即物穷理"背道而驰的，都是不在物自身下功夫的。因为真实不能在"日常急迫的兴趣中"求得；同样不能在"空疏浅薄的意见"中找到。

1997年1月30日

张东荪：在无边黑暗里，点燃一盏油灯

近印张东荪文化论著一册，以张氏早年专著《知识与文化》为书名，张耀南编并作"前言"。书属"二十世纪中国文化论著辑要丛书"，主编是汤一介，由中国广播电视出版社出版，1995年10月第1版。此类丛书现在出了许多，其中虎头蛇尾者不少。

张东荪的大名，我在中学就知道，当时在"国统区"里以其民主自由而著称，一般有良知的知识分子、有些开明思想的青年学生对他是十分景仰的。张东荪的名字，和沈钧儒、费孝通等名字，都代表着与国民党政府专制独裁相对立的民族复兴的心声。当时像我这样的高中学生是没有接触共产党的机会的，有些民主自由的新思想，率多是通过读这些知名学者的文章得来的。

后来上了燕京大学，那时张东荪正在那里执教，记得是开"哲学概论"。他的课堂总是坐得满满的，真正注册必修或选修的并不多，大多数是慕名来旁听的。燕京大学也很以有他这样的专职教授为荣。我们几个大学生常传看一些启迪新思想的书，其中就有张东荪的《理性与民主》和《新哲学论丛》。

张东荪后来身世之坎坷，谁听了都会心惊肉跳的：据张耀南"前言"，他从1958年被迫辞去教授职务，被调到北京市文化馆当勤务工，同时被赶出朗润园寓所；1968年1月被捕入狱，这时张东荪已经82岁了。张氏沉默了二十多年，直到死去。张东荪有三子一女都是做学问的；长子和他同时入狱，出狱后精神失常；次子和三子都在"文化大革命"期间自杀。一家人遭此厄运，其惨可知。幸仅存一女，现在中国科学院高能物理研究所工作。

张氏学富五车，著作等身，于中西哲学之贯通颇多创见，他的知识多元论实已自成体系。他于西方哲学的介绍，相当完整，实具启蒙开拓之功，尝言：我们来到这个世界，就为在宇宙的无边黑暗里，点燃了一盏油灯；我们活着，就是用这灯火去照亮尘世的黑暗。我们照亮的范围越大，我们生命的意义和价值就越大；我们照亮的范围越小，我们生命的意义和价值就越小。

张氏是大知识分子，深知中国的"士"阶层所承受的历史的重压和时代的重压，而且在这样的重压下还要殉道者般地去充当道德和理性的代表，这是从屈原以降的"士"阶层的悲剧性格："在中国历史上士可以说是一个最苦痛的阶层，本身没有经济基础而又负担了一个特别任务。前面则良心常常加以督责，而后面则社会恶势力又为之逼迫。"他在1946年写下的这几句话，真是有良知的耿介之士的一幅历史写照，是一个"虽九死其未悔"的深沉而悲壮的形象。

然而更大的悲剧还在于，张东荪早年争取的说自己的话的权利，竟被扼杀，以致近几十年来，这位大哲学家的名字几乎被世人所遗忘。沉冤如此，天理何存！

由张东荪想到了顾准,谁说中国没有思想家?只是由于思想家被封住了口,所以也就没有了思想家。

于是,我又想到久久萦绕于怀的一种觉悟——中国仍然需要启蒙,中国远没有摆脱童蒙状态。

1996 年 12 月 18 日

* 辑三 *

17世纪西方哲学的重要性

马克思把马勒伯朗士和阿尔诺说成是"17世纪最后两个伟大的法国形而上学者"。如果讲西欧，也许还应该加上莱布尼茨。

17世纪对于西方哲学来说，是已见启蒙曙光的世纪。哲学从中世纪到启蒙时期（在法国是马克思所谓"法国唯物主义"时期），必得经过这个17世纪。从弗朗西斯·培根（他跨着16、17世纪）起，洛克、霍布斯、笛卡尔、伽桑狄、斯宾诺莎、马勒伯朗士、莱布尼茨等这一连串名字，都可以作为17世纪哲学有象征意义的名字。

对于17世纪哲学，黑格尔这样说："我们在这里应当考察近代哲学的具体形式，即自为思维的出现。这种思维的出现，主要是随同着人们对自在存在的反思，是一种主观的东西，因此一般地与存在有一种对立。所以全部兴趣仅仅在于和解这一对应，把握住最高度的和解，也就是说，把握住最抽象的两极之间的和解。这种最高的分裂，就是思维与存在的对立；要掌握的就是思维与存在的和解。从这时起，一切哲学都对这个统一发生兴趣。因此思想是比较自由的。所以我们现在把思维与神学的统一抛开。思维与神学分开了，有如过去它在希腊人那里与神话、与民间宗教分开，最后到了亚历山大里亚派的时候，才重新找出那样一些形式，用思想的形式把神话观念充实起来……"黑格尔还说："当思维独立地出现的时候，我们就与神学分开了；不过尽管如此，我们还会看到一种神学与哲学依然统一的现象，这就是雅各·波墨。"（《哲学史演讲录》）

反复琢磨黑格尔这段话，十分有助于了解17世纪的精神——思维既要摆脱神学，还背着神学的沉重包袱。思维要独立地去对待存在，这是人认识世界的一大进步。但是旅途绝对不是平坦的，神学常要扯思维的后腿。所以思维每向前走了一段之后，总要回过头去向后看看，甚至难免退后几步。整个17世纪，思维（哲学）都在艰难地摆脱神学，在同神学的拉锯中前进，并为德国古典哲学和法国唯物主义准备条件、积累财富。

从培根起直到马勒伯朗士、莱布尼茨，离不开的一个中心话题，是"神"的存在问题。此处有两点须得留意。第一，他们当中没有一个人否认神的存在。斯宾诺莎被指为"无神论"者，是因为他把神和自然一致起来，因此是通过"泛神"而被正统神学指为"无神"的，因为斯宾诺莎在神的存在问题上似乎打了折扣，可以引申为否认神的至高无上的地位，由此而又引申为非宗教。无论是正统神学，还是后来的唯物主义者，都是从这个意义上认为斯宾诺莎是"无神论"者的。于是，"斯宾诺莎主义"便成了17世纪的"无神论"的主义。（关于斯宾诺莎是不是无神论者的问题，黑格尔的分析，值得参考，详见《哲学史演讲录》第四卷，此处不引。）而且特别是在17世纪末期，例如在法国，批判"斯宾诺莎主义"几乎成为一项普遍的哲学任务。但是，读斯宾诺莎的主要著作《伦理论》《神学政治论》等，仍然看不出他是"无神论"者。

问题不在于斯宾诺莎是"有神"还是"无神"，重要的在于斯宾诺莎在继承和坚持笛卡尔学说的同时，坚决为理性哲学争取独立地位，这在传统神学看来便无异于叛逆。

斯宾诺莎传记的一位作者A.沃尔夫在提到斯宾诺莎自1665年起写《神学政治论》的动机的时候说，他在致奥尔登堡的信中提出如下三条理由：

"首先，他需要对付那些神学家，他们的偏见是阻止人们接触哲学的主要障碍。斯宾诺莎意欲揭露这些偏见，甚至希望一些稍有理智的神学家会有所转变。其次，他需要驳斥连续不断地加在他头上的无神论的罪名。第三，他要用他力所能及的一切办法保护思想和言论自由，使它免遭苛政和牧师们的肆无忌惮的侵虐，这些牧师们正在千方百计地扼杀这种自由。"（A.沃尔夫：《斯宾诺莎传》，见《神、人及其幸福简论》）

这就是说，在讨论神的存在问题时，出现了一种"斯宾诺莎现象"。问题不在于斯宾诺莎是不是"无神论"者，问题在于，它反映了哲学在力争摆脱中世纪"神学婢女"地位那样一种不可避免的趋向。

第二，神的存在问题之所以需要没完没了的讨论，是因为在整整一个世纪中没有一个哲学家能回避这个问题，所有的哲学家无论怎样论证，都不免要承担维护上帝本体的不可动摇性的神学家任务，这就说明，传统神学不能不加论证地照原样继续下去了。自从培根粗粗地把哲学分成神的、人的和自然的哲学以来，哲学和神学的分离——形而上学和自然科学的分离、形而上学和伦理学的分离，等等——就是不可避免的了。虽然在17世纪，"神是无限的，而我是有限的；神是无限地完善的，而我是不完善的"之类的论断，可以很容易地在每一个哲学家——从培根、笛卡尔，直到莱布尼茨和马勒伯朗士——的书中找到，但是这却从另一方面反映，"神的存在"不是毫无问题的，而是需要论证和重申的，而论证又只能是不断重复无理可讲的简单断语。哲学确实是在独立成长了。当然这种发展，并不全是出自哲学家的自觉行为，他们甚至是在自觉地维护"神"的存在的时候，却不自觉地把哲学问题同神学问题分开了。马勒伯朗士在自觉地批判"斯宾诺莎主义"的同时，他的一些话却又被例如詹森派特指为"斯宾诺莎主义"。

"神"的存在问题丝毫也没有离开过17世纪的哲学家。但是经院哲学仍然有很大的势力的情况和实验科学的不可阻挡的发展（这种发展实际上已向"第一推动力"问题提出了质疑）之间，已使传统神学处于不利地位了。文艺复兴、宗教革命对思想解放所起的作用，随着时间的推移，已是日渐明显。从笛卡尔起，哲学家们就力图用哲学的方法去解释上帝，去确证神的存在。但是，用哲学诠释信仰问题，只能越解释越捉襟见肘，到哲学无法自圆其说的时候，最后便只能求助于无须探究何以然的信仰了。17世纪的哲学家们没有谁能摆脱理解力和信仰的矛盾和分离。

17世纪西方哲学的一大贡献是在方法论方面。针对经院哲学，17世纪可以说是方法论问题的觉醒的世纪。用黑格尔的说法，在方法论方面，这个时期有两个流派，即："第一派是经验派，第二派是从思维、从内心出发的哲学。"这就是以英国为主的，以培根、霍布斯、洛克等为代表的"经验主义"，和以西欧大陆为主的，以笛卡尔、斯宾诺莎、马勒伯朗士、莱布尼茨等为代表的"理性主义"。这是就它们各自的侧重面而言的。一般说来，经验主义重感官的知觉、重亲身的经验；理性主义重心智推理。然而并不是说，经验主义就不重视理性，理性主义就不重视经验。它们彼此间是相互影响的。例如霍布斯便从欧洲大陆吸收到许多几何学、天文学的营养，受到不少理性哲学的影响；斯宾诺莎承继了培根和笛卡尔，把方法问题作为哲学的重要部分。可以说，经验主义和理性主义对于经院哲学，是一种方法论的革命；在相当大的程度上来说，讨论的方法问题比讨论的内容更重要，往往从方法入手，会使讨论的内容发生变化。方法问题往往可以影响实质问题。培根写《新工具》、笛卡尔写《方法论》、斯宾诺莎写《知性改进论》、洛克写《人类理智论》、马勒伯朗士写《真理的探求》、莱布尼茨写《人类理智新论》等等，现在看来，无论如何晦涩、奥秘、雷同重复，讲出的道理有时显得荒唐可笑，有时看起来十分幼稚，时时因带有诡辩的传统而把自己和读者带进了牛角尖，常常由于无法彻底摆脱的神学权威的影响而使自己的论理不能自圆其说，总之，不管怎样，这些著作足以证明，17世纪是近世哲学取代中世纪经院哲学的非常关键的一百年。它们讨论的问题，不免是神学里的老问题，但是由于讨论的方法不同，讨论的方向也不同了。从培根、笛卡尔开始，都是把力量放在如何达到事物的真知上。

笛卡尔为哲学立下的任务是力求思维和认识的精确和明晰，这个传统不仅影响了整个17世纪的欧洲哲学，而且久远地传诸后世。可以说，笛卡尔以后的哲学家都是或多或少地遵循这个大传统前进的。

马勒伯朗士是属于这个大传统的哲学家，在他的著作上盖着明显的17世纪烙印。

1996年10月13日

伏尔泰评马勒伯朗士

17世纪末18世纪初有个法国哲学家,叫尼古拉·马勒伯朗士,传说此人幼承家学,人又聪明,得基督教神学之真传。他留下的许多著作,如《真理的探求》等,主要都是反复论证"神"的存在的。所以说他是神学哲学家,更加恰当些。时至17世纪,要论证神的存在,除了超越怀疑的信仰之外,已经无理可讲了;所以怎样说得玄而又玄,终归逃不出"因为神是存在的,所以神存在"亦因亦果的圈子。理论到了这个份儿上,已经是理屈词穷了。然而如果要同马勒伯朗士式的理论家辩论,又确实是很难的,其所以难,就在于那个"信仰"是不能触动的,说理到此为止。这样的思想方法到今天也还阴魂不散。《圣经》上说了的,就是结论了。康德想碰一碰,不是否定《圣经》,而是要把《圣经》拿到纯粹理性面前检验一下。康德的思想比前人解放多矣,但是他的检验为普鲁士国王弗里德利希·威廉二世和当时的宗教大臣所不容。康德想跳出"因为神存在,所以神存在"的圈圈,结果碰在了非理论性质的政治因素的枪口上。从追求真理上说,康德比起差不多一个世纪以前来,思想的进步可以说是飞跃的了,因为康德已没有了思想信仰的"奴性"。

既是奴性,又要讲出"道理"来,这就难了。马勒伯朗士与纯粹的教士不同的地方,就在于他要用"理"把不讲"理"的"信仰"讲通,所以就鬼话连篇了。"鬼话"也有价值,价值就在于它是西方哲学史必然经过一段神学哲学的一段路,这段话实在已有些强弩之末的样子了。

伏尔泰对马勒伯朗士有句评语:"C'est un grand homme avec lequel on apprend bien peu de chose."(此一伟人也,然吾人从之无所学。)这真是解人之语。马克思许为17世纪最后的唯心主义形而上学家。这是从哲学史的角度作出的评价。

1996年7月22日

马勒伯朗士的认识论

马克思把马勒伯朗士和阿尔诺视为"17世纪最后两个伟大的法国形而上学者"。马勒伯朗士死于1715年，他虚拟的《一个基督教哲学家和一个中国哲学家的谈话录》作于1707年，故是晚年之作。

这一著作的前一部分讲的是认识的起源，它包括人怎样认识外界，人怎样认识自己，灵魂与肉体的关系（其中包括灵魂与肉体各自的性状），神在这一切过程中的作用。所以是一个系统的形而上学认识论。其中有几个基本点：

感官知觉解决感性问题，即外界物与人自身各种感官的关系，特别是同脑神经和视神经的关系。所以这一部分的理论是"反映论"，但只是物理现象的感官反射，它不解决（解释）对反射出来的表象的认识问题。

对反映出来的物象形成观念，即从感知到思想需要通过思维来完成。而作为物质的大脑只能作出感官反映，使人产生对物的感知，但大脑不能"思维"。"思维"是由神作用于"灵魂"（或"心灵"）而产生的。这就产生了一种"错觉"，以为"灵魂"是能够思维的。灵魂是对肉体说的，但灵魂与肉体是两种完全不同的"实体"，"实体"之间是"不可入的"，即不可能直接发生关系；"不可入"就意味着灵魂不能够思维"肉体"，它不能够从自身产生观念，必须把灵魂和肉体联系起来才能产生思维。马勒伯朗士说，只有神才能把它们联结起来；"灵魂"通过神而有思维。因此，说"灵魂的本质在思维中，就像物质的本质在广延中一样"，两者的结合只能靠"神"，所以"神对一切具有观念，因为他创造了一切。神通过他的全在与众多的精神极其紧密地结合在一起。所以神是众多精神的所在地"。

因此，神学是马勒伯朗士形而上学认识论的必然归宿。

但是，西方哲学历来包含有自然哲学的传统，就是在神学的至尊原理的统治下，哲学家们也要（在神的无形指挥下）把几何学、物理学搬出来。比如马勒伯朗士关于映象的形成问题，就是用他的几何学和光学的知识来说明的。而这些知识又是怎样形成的，当然可以用"物质的本质在广延中"来解释，但这解释却是人做出的，虽然是以"神"的名义。事实上当马勒伯朗士在从光学和几何学的道理去说明物象形成感知时，神的"实际作用"已经退隐到后面去了。神的作用有如一种无理可讲的"绝对命令"，把一切不能解释的东西都承担起来。

随着可以解释的东西越来越多，神施展权威的地盘便越来越缩小，神的"绝对命令"便越来越被抽空，"理性"也就越来越从神转给人了。

马勒伯朗士的形而上学认识论自身包含着许多矛盾，不能自圆其说。例如，既说"灵魂的本质在思维中"，又说灵魂自身不能思维，那么人到底怎样接受神的安排去思维的呢？所以神的"绝对权威"终是一个空的东西。

马勒伯朗士此文，用语断断续续，许多转折、结合处没有完整的句子。有些地方语留半句，好像把平常随意说话一个字一个字地记录下来的 verbatim。所以文字是很不严谨规整的。

1996 年 6 月 23 日

关于"怀疑"

17世纪的法国哲学家（说是神学家更确切些）马勒伯朗士有几句讨论怀疑的话，我以为十分精到。他说："怀疑与怀疑有很大的不同。"接下来便说：

> 有人由于激怒、粗暴而怀疑，由于盲目、恶意而怀疑，总之，是由于异想天开、由于生性多疑而怀疑。可是也有人由于谨慎、不轻信而怀疑，由于智慧、由于心灵洞察而怀疑。学园派和无神论者是以第一种方式怀疑的，真正的哲学家是以第二种方式怀疑的：第一种怀疑是漆黑一团的怀疑，决不能把人引向光明，只能把人引得离光明越来越远；第二种怀疑是由光明产生的，反过来又以某种方式帮助产生光明。

马勒伯朗士是"护神派"，那个时期的哲学家不可能不认为神是普遍存在的。马勒伯朗士这些话也是为了维护神和真理的一致性，这是不能动摇的。当然对于神的存在也就不能提出怀疑。说不能轻信，是说不要轻信无神论的话。神与真理、神与理性、神与光明是一致的，神是唯一拥有真理、理性、光明的实在。

虽然马勒伯朗士的话是对着无神论说的，是说要怀疑无神论说的神不存在的话，但是，既然把怀疑引入认识当中，就不能阻遏或限制怀疑的能量了。人们常引笛卡尔的"我思故我在"，忽略了前面还有一句"我疑故我思"。

怀疑，往往是求知的开始。对任何事不提任何问题，一切视为当然，那就没有求解的动力；因为一切都解决了，还追求什么呢？一切科学都是在不断求疑、解疑中发展起来的，甚至可以说人类文明都是在不断求疑、解疑中进步的。怀疑是人类认识的一宗财富，没有怀疑，也就不再有进步，社会也就停顿了。

所谓实证精神就是在解疑中力求有根有据，最终求得一个板上钉钉。问题是无穷尽的，实证便也是无穷尽的。

在中国也有把怀疑同认识运动联结起来的。如张载说："在可疑而不疑者，不曾学；学则须疑。"（《大学·原下》）"闻而不疑，则传言之。见而不殆，则学行之，中人之德也。闻斯行，好学之徒也，见而识其善而未果于行，愈于不知者尔。"（《正蒙·中正篇》）"无征而言，取不信，启诈妄之道也。杞宋不足征吾言，则不言；周足征，则从之。故无征不信，君子不言。"（《正蒙·有德篇》）后来的乾嘉学派则是身体力行地实行了"无征不信"的。李洪林《自传》径是一部"怀疑史"，是社会走向现代化的表现，它会促进"真理的探求"，自然也会推动社会精神的进步。

所以，怀疑是好事，不是坏事。在人的正常认识运动中，怀疑是不可少的。

1996年6月11日

关于斯宾诺莎和马勒伯朗士

前读马勒伯朗士驳宋明理学的文章，马氏把宋明理、气之论比为斯宾诺莎主义。其时，西欧哲学—神学界有人批评斯宾诺莎有无神论倾向，或径谓斯氏是无神论者。主要原因大概是他从笛卡尔那里继承了承认有实存的一面。马克思和恩格斯认为，笛卡尔在其物理学中把物质作为唯一的实体，是存在和认识的唯一依据。斯氏把"神""物"并列，虽然尊"神"为主宰一切的实体，但毕竟给"物"留出了地盘。马列著作的人名索引都称斯为"荷兰唯物主义哲学家"，即本此。而马勒伯朗士遵照神学家罗萨列神父的要求，虚拟了与一位中国哲学家的"谈话"，其用意还在于批评斯宾诺莎的"不彻底的神学"。所以，马勒伯朗士射出的箭，飞向了三个对象物：

第一，所谓斯宾诺莎主义；

第二，宋明理学；

第三，在中国的耶稣会士。（利玛窦一派的耶稣会士，不是龙华民一派的耶稣会士。马勒伯朗士对于宋明理学的理解全部来自龙华民。利玛窦对宋明理学也有较多保留，但不拟与之理论。）

说斯宾诺莎是"无神论者"，实在勉强得很。说他是一个不大坚定的神学家，倒还可以。就如马勒伯朗士说的，宋明理学中理在气中还是气在理中梳理不清，以此把斯氏之"神物并在"暗喻为"渎神"的言论。

其实，"神物并在"并不是斯宾诺莎的发明。马克思、恩格斯说："唯物主义是大不列颠的天生的产儿。大不列颠的经院哲学家邓斯·司各脱就曾经问过自己：'物质能不能思维？'为了使这种奇迹能够实现，他求助于上帝的万能，即迫使神学本身来宣扬唯物主义。"[1]那么是否可说斯宾诺莎是17世纪的邓斯·司各脱？

不过，斯氏生活的年代，哲学正在比邓斯·司各脱时期明显得多地脱离神学，因之，神学家们便格外警觉，对斯氏形而上学里冒出的非神因素十分敏感。"17世纪的形而上学(想想笛卡尔、莱布尼茨等人)还是有积极的、世俗的内容的。它在数学、物理学以及与它密切联系的其他精密科学方面都有所发现。"[2]

从大的范畴着眼，斯宾诺莎绝不是、也不可能是无神论者。他的"主义"也并不排斥神的绝对性和普遍性。批评斯宾诺莎主义的马勒伯朗士实质上与斯宾诺莎是一家人。

黑格尔说："斯宾诺莎主义是笛卡尔主义的完成。马勒伯朗士介绍笛卡尔哲学时所采取的形式，是一种与斯宾诺莎主义站在一边的形式，也是笛卡尔哲学的一种完备的发展；这是另外一种虔诚的神学形式的斯宾诺莎主义。由于采取了

---

[1] 《马克思恩格斯全集》第2卷，人民出版社1957年版，第163页。
[2] 同上书，第161页。

这种形式，他的哲学并没有碰到斯宾诺莎所遭受的那种攻击；因此马勒伯朗士也没有被斥为无神论。"

斯宾诺莎和马勒伯朗士都师承了笛卡尔。但在"人名索引"中，前者成了"杰出的唯物主义者"，后者则成了"唯心主义哲学家""形而上学者"。

1991年1月2日

在一滴水中窥万象[1]

莱布尼茨是17世纪下半叶至18世纪初的德国哲学家，同时也是自然科学家。莱布尼茨博学多识、勤于探索、著作等身。他在半个多世纪的学术生涯中涉猎之广、思考之深是惊人的；他的哲学思想招来后世的众多毁誉，但无人能否认他从希腊哲学、中世纪经院哲学，特别是笛卡尔哲学，到18世纪德国哲学的传承之功。

莱布尼茨从一见多，小中见大，在一滴水中窥万象，赋予"无限"这个概念以丰富而生动的内容。费尔巴哈说，莱布尼茨的哲学有如显微镜，能把纤芥之微变得卓然可见。

一、生平和著述

哥特弗利德·威廉·莱布尼茨于1646年6月21日生于莱比锡。

莱布尼茨祖籍波希米亚，但世代居于萨克索尼和普鲁士。他的父亲弗里德里希·莱布尼茨是莱比锡大学的哲学教授，在他年仅6岁的时候就去世了。母亲卡塔琳娜·莱布尼

---

[1] 本文选自《莱布尼茨读本》导言，收录时有删减。——编者注

茨虔信路德新教，莱布尼茨幼承母教，但在大学毕业以前，母亲也去世了。和当时莱比锡的孩子们一样，他很容易看到了一种路德教派的带插图的"教义回答"，母亲又是虔诚的新教徒，所以莱布尼茨的幼年宗教教育基础是很牢固的。他在拉丁文、希腊文、修辞学、算学、逻辑学、音乐等方面都受到了严格的训练。同时他还读到李维的书，虽然他没有完全看懂，但对照着那些插图却也了解到一些书里的内容，所以他在幼年时期便对历史产生了兴趣。父亲生前藏书很丰富，这使少年莱布尼茨得其所哉，广泛地接触了希腊哲学、罗马史学、基督教教父派的神学著作。莱布尼茨回忆他的少年时期时这样写道：

> 在我进入讲授逻辑学的课堂之前，我已痴迷于历史学家和诗人了；因为我在刚刚能认字的年纪，便开始读历史学家的书了，而且在诗句中找到了最大的快乐和满足；而起始学习逻辑的时候，我又为从中感悟到的思想分类和排列而兴奋不已，马上像一个十三岁的孩子所能做到的那样开始感到其中一定有大量的东西可学。我对范畴问题抱有最大的兴趣，它们在我面前如同一个包括世界万物的花名册，我转向多种"逻辑学"，去在这张单子里寻找最好的和最周密的形式。我经常自问和问我的同学，这个或那个东西可以属于哪一种范围和哪一种

亚纲。①

一个人在童年和少年所受的教育、所接受的家庭的和社会的影响，往往可以影响一生。莱布尼茨一生追求思想的最大明晰性、准确性，与儿时的耳濡目染是分不开的。

莱布尼茨早在 15 岁就进入了莱比锡大学，开始接触近世哲学家的著作，对培根②、康帕内拉③、开普勒④、伽利略⑤、笛卡尔⑥等人的学说都有深入的理解。但是他并不死读书，而是勤于思考。他在晚年回忆他 15 岁时的学习情景时常说，他经常独自在莱比锡郊外森林里漫步，思考他是不是应该接受经院哲学的"实体形式"的概念⑦。当时在经院哲学方面对莱布尼茨影响最大的是哲学教授雅各布·托马修斯，而他的第一篇公开发表的作品即他的毕业论文《论个体性原则》，即包含维护唯名论的观点。但在莱布尼茨的头脑里，实证科学、数学、法学等同时都占有地位，这对他摆脱经院哲学的束缚无疑是有利的。1663 年，他到耶稣大学进修法

---

① 致 G. 瓦格那函，转引自罗伯特·拉塔（Robert Latta）译《莱布尼茨：〈单子论〉和其他哲学著作》（Oxford at the Clarendan Press, 1989）序言第 2 页（以下简称"拉塔"本）。
② 弗兰西斯·培根（1561—1626），维鲁拉姆男爵，英国哲学家、自然科学家，主要著作有《新工具》《论科学的增进》等。
③ 托玛索·康帕内拉（1568—1639），意大利哲学家，著有《太阳城》。
④ 约翰·开普勒（1571—1630），德国天文学家。
⑤ 伽利莱·伽利略（1564—1642），意大利物理学家、天文学家。
⑥ 勒奈·笛卡尔（1596—1650），法国哲学家、数学家、自然科学家，著有《谈方法》《形而上学的沉思》《哲学原理》等。
⑦ 参见"拉塔"本第 3 页注①。

学一年，受业于艾尔哈德·魏格尔。魏格尔在那里讲授"自然法"，又因他深通几何学，所以魏氏在数学和法学两方面都给莱布尼茨以很大影响。莱布尼茨十余年后提出"三进位制"，据说其中即颇受魏格尔的启发。1665年，在莱比锡大学舒温登道夫教授主持下，莱布尼茨为学位论文《论身份》答辩。1666年，莱比锡大学因为他太年轻而未授予他法学博士学位，但是纽伦堡邻近的阿尔特道夫大学接受了他的论文，并授予他法学博士学位。当时，阿尔特道夫大学曾拟聘他为教授，他没有接受，而是离开莱比锡，另有别图。莱布尼茨当时只有20岁。

莱布尼茨在纽伦堡的一年当中，曾参加了当时的一个神秘主义组织——蔷薇十字秘密会社，被聘为秘书。在那里他结识了在帝国内权倾一时的美因茨选帝侯兼大主教的手下——博伊内堡男爵，和他一起到了法兰克福。莱布尼茨完成了一篇关于法律教育的论文《法学研究和讲授的新方法》，以此晋见美因茨选帝侯兼大主教、莱因同盟首脑舍恩博恩的约翰·菲利普，在他的幕下做了一名外交官。

在此期间，他曾于1668年协助选帝侯的律师拉萨尔整顿立法，莱布尼茨负责理论部分，一年后写出《自然法要义》和《当代民法要义》，并开始写《天主教的证明》。

莱布尼茨从不放弃任何求知的机会。1669年4月，他致函老师雅各布·托马修斯，就阅读老师的哲学著作《哲学史和教会史的起源》后想到的一些问题，特别是亚里士多德①哲学和近代哲学的关系继续向老师求教。同年上半年，他出版了《关于自然界反对无神论者的说明》。次年，他根据男爵的建议，整理出版了意大利哲学家尼佐利乌斯②的《反对假哲学家，论真正的哲学原理》。他还为《导论：关于编辑他人著作、著作的范围、哲学措辞、尼佐利乌斯的错误》（副题《论尼佐利乌斯的哲学风格》）注释并写序。《导论》涉及语言学、逻辑学与修辞学、形而上学的关系，对归纳法、经院哲学、唯名论以及对文化遗产的继承等许多方面的问题表示了意见，还探讨了哲学术语的德语化问题。1670年，他从访英的朋友处得知霍布斯③健在，遂驰书致敬请教。

博伊内堡男爵的名望与交游使莱布尼茨能结识各方社会名流，其中有宗教界人士，也有哲学家、法学家、史学家、语言学家，使他得以多方求教。

1669年，男爵的私人秘书、耶稣会士、史学家加曼④介绍给他许多耶稣会方面的有学识的人士。其中应该特别提到布拉格数学家考康斯基⑤，正是他引导莱布尼茨深入自然哲学问题，并于夏季施瓦尔巴赫会上通过法学家莫里齐乌斯⑥读到英国皇家学会的会刊，从而了解到英国数学家、建筑师

---

① 亚里士多德（前384年—前322年），古希腊哲学家，传世著作有《工具论》《物理学》《形而上学》《政治学》《诗学》等。
② 尼佐利乌斯（1498—1575），意大利哲学家。
③ 托马斯·霍布斯（1588—1679），英国哲学家，著有《论公民》《论形体》《论人性》《利维坦》等。
④ 约翰·加曼（1606—1670），耶稣会士。
⑤ 亚当·考康斯基（1613—1700），布拉格数学家。
⑥ 莫里齐乌斯·埃里克（1631—1690），法学家。

雷恩[①]和物理学家惠更斯[②]正在争论碰撞律问题。

莱布尼茨还参加了一些政治性的社会活动。如1670年，他出席了英、荷、法、瑞典的会议。美因茨选帝侯支持英、荷、瑞三国同盟，莱布尼茨写了《论如何把社会内外的安全和国家的富强置于坚固的基础上》的建言。

当时的美因茨在三十年战争后受到严重损失，满目疮痍，并且处在法王路易十四的威胁之下。美因茨选帝侯当时正考虑两件有关自身安危的大事：一是为了避免重新爆发宗教战争，他竭力想使新教派重新统一起来，当时两派已在进行谈判；二是设法避免来自法国的军事威胁。

莱布尼茨为这两件事都出了力。在教派统一问题上，莱布尼获一方面参与了两教派谈判的工作，同时根据博伊内堡的建议，认真地研究了"实体解化"的学说，企图在以纯粹广延作为物质实体的笛卡尔观点和罗马天主教以及路德教义之间探索妥协之道。为此，莱布尼茨试图找到一种双方都可以接受的实体理论，用在教派统一上就成为所谓的"教派融合论"。

关于第二件事，莱布尼茨向选帝侯建议，为了把法国的威胁引向远方以缓解对美因茨的压力，设法推动路易十四远征非基督徒的地区。为此，他草拟了《讨伐埃及计划》。在选帝侯的赞同下，莱布尼茨于1672年随从选帝侯之侄弗里德里希前往巴黎游说法王，但是他的计划没有得到认真听

---

① 克里斯多夫·雷恩（1632—1723），英国数学家、建筑师。
② 克里斯蒂安·惠更斯（1629—1693），荷兰物理学家。

取，所以这是一次没有任何结果的"外交行动"。据说后来拿破仑出征埃及失败后，人们在他1803年占领汉诺威时发现了这份计划，于是有人推测拿破仑征埃是受此启发的。此系后人妄测，不足取信。

莱布尼茨的巴黎之行，在外交使命上无成就可言。但在法国蛰居的四年，间或到伦敦、海牙等地作短暂停留，却对他在学术上的成就裨益甚大，主要是在哲学和数学两个方面。他广泛交结，对他较有影响的是会晤了荷兰物理学家惠更斯和法国扬森派思想家阿尔诺[①]、法国哲学家马勒伯朗士[②]等。与马勒伯朗士讨论马氏所著《真理的探求》，对莱布尼茨某些哲学观点的形成很有帮助。特别是在海牙莱布尼茨会见了重病中的斯宾诺莎[③]，见到了斯宾诺莎的《伦理学》手稿。

在这期间，莱布尼茨在学术研究上取得了不少成果。如1671年3月写了《物理学新假说》；春季致函汉诺威公爵，表示要以德文发表《对于人的自由意志和天命的沉思》。在《物理学新假说》中的"抽象运动论"中，莱布尼茨阐述了"充足理由原则"。莱布尼茨把《物理学新假说》的前部寄给了巴黎王家科学院，把后部寄交伦敦皇家学会秘书亨利·奥

[①] 安托瓦纳·阿尔诺（1612—1694），法国哲学家，与莱布尼茨多次通信，讨论有关神学方面的问题。
[②] 尼古拉·马勒伯朗士（1638—1715），法国哲学家，主要著作有《真理的探求》等。
[③] 巴鲁赫·狄克特·斯宾诺莎（1632—1677），荷兰哲学家，著有《简论神、人和人的幸福》《笛卡尔哲学原理》《理智改进论》《神学政治学》《伦理学》等。

尔登堡①，请他设法在伦敦出版。奥尔登堡交给会员传阅，并将莱布尼茨来函在5月会议上宣读，又将一些会员对《物理学新假说》的肯定意见发表在8月的《学会汇刊》。

莱布尼茨的成就迅速受到包括惠更斯这样的名家的赏识，他在旅英期间又因奥尔登堡的热情引见，和伦敦学术界、科学界人士广泛会面。1673年4月，只有27岁的莱布尼茨即被推荐成为英国皇家学会会员。此外，莱布尼茨还研制了手摇乘法计算器，功能优于帕斯卡②的只能运行加减法的计算器，并于1675年1月呈交巴黎科学院。

一项数学上的重大成就——积分学和微分学亦于1675年10月制定成功，这与牛顿③的发明不谋而合。这件事在当时科学界曾引起聚讼纷纭。有人认为牛顿发明在先，莱布尼茨是"剽窃"了牛顿的成果。但普遍的共识是，他们是各自独立完成的。据查，莱布尼茨于1676年接到了奥尔登堡转来的牛顿10月24日的字谜信，说明牛顿已制定微积分。

莱布尼茨在巴黎对笛卡尔哲学有了进一步的研究和体会，对笛卡尔的"二元论"渐持批评的态度。几年后，莱布尼茨在1679年的一封通信中说："关于笛卡尔哲学，我毫不犹豫地肯定它会导致无神论。"④同时，他在给马勒伯朗士的信中说，他在许多方面都很尊敬笛卡尔，但同时"确信，他

---

① 亨利·奥尔登堡（1625—1677），英国伦敦皇家学会秘书。
② 布莱瑟·帕斯卡（1623—1662），法国数学家、物理学家、哲学家，著有《思想录》等。
③ 艾萨克·牛顿（1642—1727），英国物理学家、天文学家、数学家。
④ 参见"拉塔"本第8页注②。

的力学充满了错误,他的物理学过于草率,他的几何学过于有局限性,他的形而上学则兼备所有这些过失"[1]。

在巴黎期间,莱布尼茨深入地研究了柏拉图[2]的著作,特别是柏拉图的《巴门尼德篇》,并翻译了《斐多篇》和《泰阿泰德篇》。莱布尼茨在法国深造了法语,以至他的许多著作都是用法文写的,虽然他大力主张哲学著作的德语化。

莱布尼茨于1676年10月4日离开巴黎回国,18日至29日绕道伦敦,旋于11月13日到达荷兰,在海牙见到病重中的斯宾诺莎,读到斯宾诺莎的《伦理学》手稿,斯氏于3个月后弃世。年底,莱布尼茨返回汉诺威,任汉诺威公爵府法律顾问兼图书馆馆长。

1676年,他完成了《观念是什么?》一文。

1677年,莱布尼茨31岁,从此即以汉诺威为定居点,莱布尼茨的学术生涯也进入了成熟期。到汉诺威定居后,他继续频繁地与宗教界人士和学术界人士通信。通过大量的通信,莱布尼茨继续探索怎样弥补笛卡尔"二元论"的不足的问题。他觉得,斯宾诺莎也不能解决笛卡尔的矛盾,于是转而重新研究柏拉图。他在晚年(1714)给博尔盖的信中回忆道:"在所有前辈哲学家中,我觉得柏拉图在形而上学方面是最令人满意的。"[3]由此,莱布尼茨于1680年左右形

---

[1] 参见"拉塔"本第8—9页注②。
[2] 柏拉图(原名阿里斯托克,约前427—前347),古希腊哲学家,传世的对话有四十多篇,其中杂有伪作。
[3] 参见"拉塔"本第12页注①。

成了以"活力"为"实体"的观念。列宁说:"莱布尼茨不同于斯宾诺莎的特点:莱布尼茨在实体的概念上增添了力的概念,而且是'活动的力'的概念……'自己活动'的原则。"[①] 大体上在1686年到1690年期间与阿尔诺的通信中,莱布尼茨逐渐形成了诸如"简单实体"和"前定和谐论"等主要概念。而"简单实体"的概念后来又发展成为"单子"的概念,并于1697年首次使用了"单子"一词。

可以说从1677年年至1697年的二十年当中,莱布尼茨的哲学体系已大体形成了,但这些哲学思想都散见于通信和论文中。论文中举其要者如1677年,他写了《关于物和词之间的联系的对话》《综合科学序》;1693年写了《逻辑演算诸原则》《论普遍综合和普遍分析或发明和判断的方法》;1680年写了《促进科学和艺术的箴言》;1684年发表其微分学著作《关于极大和极小以及切线的新方法,亦适用于分数和无理数的情况及非异常类型的有关计算》《对于认识真理和观念的沉思》;1685年写有《论形而上学》和《发现的技术》;1686年写有《笛卡尔等人于自然律问题上所犯严重错误简介》《论哲学和神学中的正确方法》;1689年写有《动力学》;1690年开始写《逻辑演算研究》;1691年的《论物体的本性是否有广延的书简》;1692年发表《评笛卡尔著作〈哲学原理〉的主要部分》;1693年撰《关于权利和正义的概念》《论智慧》;1694年发表《关于形而上学的改造和实体概念》;1695年发表《动力学实例》,匿名

---

① 列宁:《哲学笔记》,人民出版社1974年版,第427页。

发表《关于实体的本性和交通，兼论灵魂和身体结合的新系统》；1696年发表《新系统的解释》；1697年写《论事物的最后根据》，编辑出版《中国近况》并撰序。

从1677定居汉诺威起至1697年的二十年间是莱布尼茨哲学体系的形成期。上述所开列的文章并非全部，而且他的一些重要观点多散见于他的大量通信中，如：著名的"前定和谐论"概念是1691年在给巴纳日[①]的信中提出的；"单子"一词首先见于1695年给洛比达侯爵的信中，等等。1697年，莱布尼茨在给托马斯·伯奈特的信中这样说："我曾根据我得到的新启示一遍又一遍地修改我的看法；自从我发现了使我满意的东西，并且对于似乎不能显示的质料得到表现以来，差不多只有十二年。"[②]以后的二十年，莱布尼茨继续深化他的哲学体系，直到1716年逝世。

1690年，洛克[③]发表了他的《人类理智论》。莱布尼茨读了这本书，根据他的习惯，作了些笔记和评论。他把其中一些评论于1697年寄给了洛克，洛克没有答复。1703年，莱布尼茨便以问答体写了《人类理智新论》，把他本人的观点与洛克的观点一一对照。但是，正当这本书行将付梓时，洛克于1704年逝世了。莱布尼茨随即决定不印刷书稿，觉得和一个死去的人辩论是没有意义的，所以这本书在莱布尼茨死后才于1765年首次面世。

---

① 亨利·巴纳日（1656—1710），法国哲学家。
② 参见"拉塔"本第13页注①。
③ 约翰·洛克（1632—1704），英国哲学家，感觉论者，著有《政府论》《人类理智论》。

莱布尼茨于1710年写成《神正论》，这是他生前唯一出版的专著。

莱布尼茨在1714年夏季已写成《单子论》，当时他应萨瓦亲王欧根[1]之请，把自己的哲学思想摘要写成九十条的文章，原题为《普遍和谐》，1720年由克勒[2]译为德文，改题为《单子论诸命题：论上帝，其存在及其本质，论人的灵魂并再次为维护前定和谐说反击培尔[3]的驳难》出版。1721年拉丁文以《哲学原理》为题载于《学术纪事》之增刊第7号。1769年，法国人迪唐又以《哲学原理或论题》之名收于所编《全集》第6卷（哲学）。后埃德曼[4]在汉诺威发现法文原稿后，1840年于柏林出版《莱布尼茨全集》，本文遂以《单子论》见知于世。

有鉴于此，莱布尼茨晚岁完成的《人类理智新论》、《神正论》和《单子论》，特别是《单子论》，实为莱布尼茨哲学思想体系的代表之作。

拣其自1698年起与哲学有关的重要文章，举目如次：1698年写成《论自然本身，即创造物和创造物的活动所固有的力》；1702年8月发表《答复培尔的意见》，写有《思考公正这个普通概念》《对单一普遍精神学说的看法》；1705年5月，《学术工作史编》编者巴纳日发表莱布尼茨的

---

[1] 欧根（1663—1736），萨瓦亲王。
[2] 亨利·克勒（1685—1737），德国出版家。
[3] 比埃尔·培尔（1647—1706），法国怀疑论哲学家，著有《历史批判辞典》等。
[4] 埃德曼（1805—1892），《莱布尼茨全集》的出版者。

信《前定和谐说提出者对活力原理和有创造力的自然的考察》；1708年撰《对马勒伯朗士的"我们在上帝之中看见一切事物"这一意见的评论，兼评洛克对它的考察》；1712年7月《特勒沃见闻录》发表了他《对第六封哲学书信的评论，论几何学的方法和形而上学的方法》；1714年3月写《对修道院长圣皮埃尔①〈永久和平方案〉的看法》；1714年3月写《以理性为基础，自然和神恩的原则》（据同年8月26日莱布尼茨致尼古拉·雷蒙②的信，这篇文章和《单子论》都是为萨瓦欧根亲王写的，二者内容有许多共同之处，都扼要说明了他的主要哲学原理），同年写成《微分学历史和起源》；1715年发表《数学的形而上学基础》《法兰克人的起源》。

以上虽然开列了莱布尼茨所撰写的相当数量的书目和文目，但仍不足以说明他的全部学术活动。以下将莱布尼茨主要学术通信择要论列介绍，以供参照观览。

莱布尼茨饱学博识，所与交游者也都是当时各方面的专家。据查，莱布尼茨一生曾与1063人通信，留下书信1.5万余封，内容涉及神学、自然哲学、历史学、逻辑学、心理学、数学、物理学等十分广泛的领域；莱氏所刊布的论文及其生前身后问世的著作，其中内容多在日常交往和大量通信中反复切磋、酝酿过，所以保留下来的关于学术问题的通信，实为莱布尼茨形成自己的哲学体系的必要准备。莱布尼

---

① 圣皮埃尔（1658—1743），法国天主教神父、作家，著有《永久和平方案》。
② 尼古拉·雷蒙，生卒年代不详，法国数学家。

茨的一些主要哲学概念如"单子""前定和谐"等都是在通信中首次提出的。

莱布尼茨的部分通信,后来被编成了许多专集。择要举例如下:

1686年,莱布尼茨40岁,思想正趋成熟。这年2月,他把《论形而上学》简要托人转给阿尔诺,从此两人书信往返一年多,这组学术信件后来被编为《莱布尼茨致阿尔诺书信集》。

莱布尼茨和斯宾纳自1687年至1700年间共通信十五封,后整理出版为《斯宾纳和莱布尼茨来往信件集》。

1691年,莱布尼茨45岁,他致函法国物理学家、笛卡尔派思想家巴本[1]讨论运动问题,同时提出蒸汽机的基本思想,二人保持通信联系。1881年,《莱布尼茨和惠更斯、巴本的通信集》在柏林出版。

1694年,莱布尼茨时年48岁,和瑞士数学家、物理学家约翰·贝尔努依[2]通信频繁。1745年,《莱布尼茨和贝尔努依关于数学和哲学的书简》两卷出版于洛桑和日内瓦。

1707年,莱布尼茨时年61岁。沃尔夫[3]自耶稣大学毕业后,到莱比锡大学教数学和哲学(1703—1706),经常向莱布尼茨讨教,通信频繁。1860年《莱布尼茨和沃尔夫通信集》问世。

1709年,莱布尼茨时年63岁,结识威尼斯学者波居

---

[1] 德尼·巴本(1647—1714),法国物理学家。
[2] 约翰·贝尔努依(1667—1748),瑞士数学家、物理学家。
[3] 克里斯蒂安·沃尔夫(1679—1754),德国哲学家。

叶[①]，二人通信，从讨论文字起源起，进而及于莱布尼茨正在撰写的《神正论》，直至物理学、生物学、历史等。至1903年，结集为《莱布尼茨和波居叶的科学、哲学信札（1707—1716）》。

1715年，莱布尼茨逝世的前一年，时年69岁。牛顿的《自然哲学和数学原理》于1713年编订出版，编者在再版序言里在牛顿授意下把微积分发明权问题重新提出。经英王乔治二世[②]的妻子卡罗琳[③]建议，莱布尼茨于11月把对牛顿在《自然哲学和数学原理》中所阐述的空间、落体定律、无限、灵魂和身体的关系、上帝的智慧和力量等看法写成书面意见，寄交卡罗琳，卡罗琳转交给牛顿的学生克拉克[④]，于是二人就此通信进行辩论。后来由克拉克编译，于1717年伦敦出版了《已故博学之士莱布尼茨先生和克拉克博士1715、1716年关于自然哲学和宗教原理的通信》。由于克拉克是维护牛顿观点的，所以这十封信实际上反映了牛顿和莱布尼茨之间的分歧。

以上所举出的只是一部分通信专集，远远不能反映莱布尼茨书信的全貌。许多零散的信，其内容的重要性并不亚于已结成专集的信件。如1687年他写信给培尔，对连续性学说提出看法，此信经培尔标题为《莱布尼茨致培尔函摘登》在《文坛新闻》上发表；1691年致函巴纳日，第一次提出

---

① 路易·波居叶（1678—1754），威尼斯学者。
② 乔治二世（1683—1760），英国国王，1727—1760年在位。
③ 卡罗琳（1683—1737），威尔士公主，英乔治二世王后。
④ 塞缪尔·克拉克（1675—1729），英国物理学家，牛顿的门人。

"前定和谐"概念；1695年致函洛比达侯爵，首次提出"单子"一词。

二、关于莱布尼茨的哲学思想

从第一部分介绍的情况来看，莱布尼茨可以称得上是一个"多面手"式的哲学家。把他的哲学思想解说清楚，实在非我力之所能及，这一部分只能讲莱布尼茨给我印象比较深的一些问题。

从他15岁上大学时开始，大概可以看出他走了这样一条路：神学—希腊哲学—数学和力学—从笛卡尔学派到对笛卡尔的批判——最终形成自己的"单子论"哲学思想体系。而思想的起点则是对古希腊原子论和笛卡尔—斯宾诺莎"实体"论的分析和批判。

应该说，17世纪的西欧哲学大都是沿着笛卡尔的思路展开的。对他认同或对他批判，总之是离不开笛卡尔的命题。在笛卡尔的学说中有这样一个理论，说"实体"有两种：一种是"精神的实体"或"思维的实体"；再一种是"物质的实体"或"广延的实体"。"广延"是说物质就是实体的"广延"。"实体"在那个时代是空灵的，并不像我们平常人理解的那样是一种实在的东西，它相当于神学里的"本体"。说物质就是这样的"实体"的"广延"，实际上等于否定了物质的客观实际性。到斯宾诺莎，他索性说其实只有一种"实体"，这"实体"就是神，即主宰万有的上帝。所以，无论是笛卡尔还是斯宾诺莎，都从"本体论"出发确认万千世界皆系于这至上的"实体","实体"即"全体",即"壹"。"实体"也好,"实在"也好,都不是物质性的"存在"。

无论是笛卡尔的"实体"理论,还是斯宾诺莎的"实体"理论,都可以归结在下面的斯宾诺莎的两段话里:

> 实体,我理解为在自身内并通过自身而被认识的东西。换言之,形成实体的概念,可以无须借助于他物的概念。
>
> 神,我理解为绝对无限的存在,亦即具有无限"多"属性的实体,其中每一属性各表示永恒无限的本质。[①]

换句话说,"整体"超于"部分",先于"部分",独立的"部分"是不存在的。

莱布尼茨认为,所谓"广延",必定是某物的"广延";如无某物,则无所谓"广延"。所以,笛卡尔的"广延"只不过是一种抽象,它须有某物在,才能谈得上"广延"。

> 被广延本身就是一实体的人,颠倒了用语的次序和思想的次序。除广延之外,必定有被广延的一物,换言之,必定有能够被重复或被继续的一实体。因为,广延只意味着一种重复或一种扩散开来的连续不断的繁多性。一种多样性、连续性和部分的共处,此外别无他意。所以,广延不足以解释被广延的或被重复的那一实体的

---

① 斯宾诺莎:《伦理学》,商务印书馆1983年版,第3页。

本质，实体的观念是先于它的被重复的观念的。[1]

这段话透露出莱布尼茨不自觉地承认了物自体先于思想这样的"次序"。

然而，莱布尼茨绝对不能接受古希腊原子论唯物主义的看法。按照原子论的看法，世界是由最基本的物质"原子"所构成的"充满"和"虚空"两部分所组成的。没有物质"原子"，也就谈不上任何实体。换言之，"整体"是由"部分"决定的，"部分"先于"整体"。沿着这条思路想下去，最终会否定上帝本体。

对以上这两种意见，莱布尼茨都感到不满意。他要在这两种意见之间寻求一个调和的方案，执其两端而用其中。他设想世界应是充满了各种各样的各自独立、自身不可分割的最基本的"单位"，就是后来他称之为"单子"的。每个"单子"都是一个"简单实体"。作为宇宙整体的"壹"具有连续性，这就是说自然界有如一条大河，永恒地流动不已，其间虽有曲折或后退，但总体仍是处于不停顿的动态之中。自然界由于被无限的"简单实体"即"单子"所充塞，因此，不可能是真空的，而是"充满"的。

"单子"的性质和功能大得很，包括精神的和物质的两种性质，兼有宋儒的"理"和"气"的精神。"单子"即是自然界万象的最基层的单位，每个"单子"都据其所能反映出自然界，"单子"表象着宇宙，在每个存在物之中，都可

---

[1] 转引自"拉塔"本第28页。

以看到无限。"这有如一座城市，从不同的侧面看上去都是不一样的，景象繁复迭出。如同单纯实体的无限繁多，因而出现相应的种种宇宙，然而这无非是唯一宇宙根据每一单子的不同视点而呈现的景象而已。"(《单子论》第57）所以，自然界和"单子"的关系是"全体"和"部分"的关系，二者缺一不可。莱布尼茨既不赞成只承认"全体"而忽视"个体"，也不赞成只承认"个体原则"而不见"整体"。他认为，"实体"是一连续性概念，它是由无限的不可分割的元素（即"单子"）组成的。莱布尼茨由此把笛卡尔、斯宾诺莎的"实体"论和希腊原子论（只承认"个体"论）折中起来。

莱布尼茨的"单子"是具有"活力"的，"单一子"不是"广延"的，而是"内聚"的，它的运动在于自身的"力"；这种内在的"力"，是物体运动和变化的根源，"力"就是"生命"。《单子论》第15说："据内部运动之原理，此一知觉向另一知觉变化或过渡，可称之为欲求……""欲求"就是"力"。莱布尼茨明确提出，他要用"力的守恒"来代替笛卡尔的"动量守恒"。

"单子"既然是"力"，是"生命"，故是有感觉的，或有"知觉"的。"单子"的区别在于它们有不同程度的知觉和欲求，并于此可见"单子"性质的高低。如以意识的深浅论，第一种是无意识的知觉，例如被火烧灼会有被烫的感觉，当被火烧灼的时候便本能地觉得烫痛了，这种感觉无意识到以后才会产生，所以是"无意识"。而在发现火光或火渐逼近的时候，便在意识中有所感，此时是从"无意识"过渡到"有意识"的阶段，也就是不必等到火烧灼了自己才本能地有所感。再进一步，便是不只是被动地"知觉"，而是进而从自身有了意志——自觉的意志，这就到了"自我意识"的高级阶段。"无意识"的和"有意识"的阶段，是通过感官作出相应反应的结果，所以在这个阶段，莱布尼茨并不排斥感官的和经验的作用，但是"无意识"和"有意识"都还属于比较低级的认识和知觉。只有"自我意识"才达到超感官和超经验的高级阶段，到达这个阶段，才达到认识的（心灵的）理性阶段，这时的认识才具有明晰性，才从模糊不清变得清楚明确起来。只有到了理性阶段，才能认识本质，认识实体，或神的实在性。从模糊不清到清楚明确，在感知上有层次的不同，从这一层次到另一层的过渡便是变化。但是变化不是飞跃的，而是连续不断的进程。这就是说，从"无意识"到"自我意识"之间并没有不可逾越的鸿沟。因此，清晰度是相对的，只是程度的不同，而不是"类"的不同。这与笛卡尔的看法不同，笛卡尔把"无意识"、"有意识"和"自我意识"截然划开，这中间有个分界线："无意识"和"有意识"这一边与"自我意识"是对立的，笛卡尔的"自我"属于绝对的"自我意识"。

所以莱布尼茨的连续性规律中是流动的、变动不居的、渐进的。其中包括"变"和"通"两层意思，是经过"通"而"变"的，不是一下子就"变"了的。所以，莱布尼茨只承认程度的变化，不接受"类"的变化。因此，相对的东西没有不可以相互转化的。例如，静和动之间，从静到动，从动到静，便是渐变的，是可通的，没有绝对的"静"，"动"

得慢到极点就是"静",反之亦然。白昼和夜晚之间也是渐变的,生和死也同样是生命运动的渐变,相对的运动之中找不出一个确定不移的分界线。

莱布尼茨的动态"实体"的理论可用来观察历史,因为这种渐变本身便意味着"历史";"……一切物体均可从宇宙中所发生之一切受到感应,一如凡见其全者便可在每一个别中见到各处所发生的事情,无论是以往的或是将来的,因为它能够在眼前注意到无论在时间上或在地点上远处发生的事情。希波克拉底①有言:'万物归一。'……"(《单子论》第61)

莱布尼茨的单子论,似乎解决了笛卡尔把"实体"分为能思想的精神"实体"和物质"实体"的矛盾。然而,他对"单子"性能的一个解释却使整个理论陷于不能自圆其说的境地。这个解释就是:"单子"之间是彼此独立的,是互不来往的,各自有自己的"力"、"运动"和"生命"。既然是这样,那么单子之间便不可能沟通,不能产生影响;而如果单子之间互相不能沟通和产生影响,则它们之间又如何能互相关联呢?既然相互之间不发生关系,又怎能使它们共存于统一的、有连续性的"全体"之中呢?

然而,充斥于自然界的单子之间是必定存在着某种关系的,既然认为"此一知觉只能自然地来于另一知觉","一种运动只能自然地来自另一运动"(《单子论》第23)。这是一个莱布尼茨无法用哲学论证来解决的问题,他只能乞灵于

---

① 希波克拉底(前460—前377)。古希腊医学家、哲学家。

仁帝，就是说，单子之间存着一种"前定和谐"。通俗地说，就是上帝在互相独立的单子之间起了仲裁的和中介的作用，把优质的、劣质的、精神的、物质的诸多不可分割的、彼此独立的单子联结起来，统一在自然界里。总之，此一单子对另一个单子的影响，是通过"上帝的中介"来实现的。由于上帝的主宰作用，世界才变成现在这种样子，"那么，由于上帝的意念中有无穷无尽的可能的宇宙，而只有一个是存在着的，那上帝的选择必有充足的理由决定取此而非彼"（《单子论》第53），"此即获致尽可能多也即最大程度的多样性之法，易言之，即取得同样多的尽其可能的完美性之法"。（《单子论》第58）

让我们来看看康德[①]是怎样说的，或许可以有助于理解莱布尼茨：

> ……莱布尼茨由于把相互作用归因于单只通过知性想出来的世界之各种实体，所以就得求助于神来干涉了。因为像他所正确认识到的那样，实体的相互作用乃是完全不可想象为从实体的存在发生的。可是，如果我们把实体想象为空间中的，即在外部直观里的，我们就能使相互作用的可能性——作为出现来看的实体的相互作用的可能性——成为完全可理解的了。因为外部直观

[①] 伊曼努尔·康德（1724—1804），德国古典哲学奠基人，主要著作有：《自然通史和天体理论》《纯粹理性批判》《实践理性批判》《判断力的批判》《任何一种能够作为科学出现的未来形而上学导论》《道德形而上学的基础》《实用人类学》等。

已经把验前形式上的外部关系包含在自己里面作为作用与反作用的实体关系的可能性之条件,因而即是相互作用的可能性之条件。[1]

康德认为,莱布尼茨的"实体"是凭知性"想出来"的,所以看不到实体间相互作用的可能条件。

现在我们不妨把莱布尼茨的单子论体系简约地列表如下:

单纯实体即单子:数量无限,彼此独立

↓

通过"上帝的中介",单子间形成各种关系(相互作用)

(前定和谐)

↓

经过上帝选择,退成众多可能中的最佳存在

(充足理由论)

这就是莱布尼茨的说明,"一切心灵之集合应当构成上帝之城"(《单子论》第85),"此一上帝之城,此一真正的普世王国是自然世界中的一个道德世界,在上帝的制品中是至高至圣的……"(《单子论》第86)。

---

[1] 康德:《纯粹理性批判》,Meiklejohn 英译本,Everyman,伦敦,1934年,第204页。

单子论是莱布尼茨的一个庞大的哲学体系，它的出发点和归结点都是神，然而对单子的大量论证却是在神以外的哲学论证。在使用"单子"一词之前，莱布尼茨已经对力的运动数和"普遍文字"、无限和"微分"、"数学的和物理的连续性定律"等，做了很广泛而深入的研究。可以这样说，莱布尼茨把神安放在"主宰"的位置上，即所谓宇宙的"建筑师"和"立法者"的位置上（《单子论》第89），而把大量的注意力放在自然界自身的研究上。他一头抓住作为有机统一体的自然，另一头抓住构成自然界的生动有力的基本实体，所以就像列宁所摘引的费尔巴哈[①]评价莱布尼茨的几段话所说的那样，莱布尼茨不同于或越过了前人：

莱布尼茨不同于斯宾诺莎的特点：莱布尼茨在实体的概念上增添了力的概念，而且是"活动的力"的概念……"自己活动"的原则。[②]

斯宾诺莎的实质是统一，莱布尼茨的实质是差异、区别。[③]

因此，在莱布尼茨看来，物体实体已经不像笛卡尔所认为的那样，只是具有广延性的、僵死的、由外力推动的，而是在自身中具有活动力、具有永不静止的活动

[①] 路德维希·安得列阿斯·费尔巴哈（1804—1872），德国哲学家，著有《黑格尔哲学批判》《基督教的本质》《宗教的本质》《宗教本质讲演录》等。
[②] 转引自列宁《哲学笔记》，第427页。
[③] 同上书，第427—428页。

原则的实体。①

最为形象而生动的，可属费尔巴哈的这段话：

> 斯宾诺莎的哲学是把遥远得看不见的事物映入人们眼帘的望远镜；莱布尼茨的哲学是把细小得看不见的事物变成可以看得见的事物的显微镜。②

而最有概括力的，则是下面这段话：

> 莱布尼茨是半个基督徒。他是一个有神论者，或者是基督徒和自然主义者。他用智慧、理性来限制神的恩惠和万能。但这种理性无非是自然科学的研究室，无非是关于自然界各个部分的联系、整个世界的联系的观念。因此，他用自然主义来限制自己的有神论，他通过对有神论的扬弃来肯定、维护有神论。③

所以，在莱布尼茨的哲学里，既有维护有神论的成分，又有通过自然哲学扬弃有神论的成分。17世纪的西欧哲学是方法论的革命。笛卡尔首倡用哲学的、科学的方法论证神的存在，他的后人们虽然在许多理论上与他不同，但都是沿袭了他用哲学方法论证神在的方法，其结果却与论证者的初

---

① 转引自列宁《哲学笔记》，第428页。
② 同上书，第647页，注144。
③ 同上书，第438页。

衷相反，反而削弱了神在哲学中的权威。到17世纪末，莱布尼茨时期的哲学不仅离中世纪经院哲学日远，且比"近代哲学之父"的笛卡尔愈加靠近启蒙时期了。

从莱布尼茨作为哲学家的一生来看，可以看出这样一条路子，那就是从神学入门，最高命题是确证神是至高无上的"实在"。这是从笛卡尔起始的17世纪哲学家的共同命题。这本来是一个"信仰"问题，不是认识的问题："信仰"是无须论证的；认识则需要论证。从笛卡尔到莱布尼茨却为自己定下一个任务，就是把非物质的"实体"作为一个哲学命题来对待，用笛卡尔的话说，就是要用"科学的方法"去确证神的存在。

于是，首先要对待的问题便是"实体"是怎样构成的。"实体"（或"实在""存在"等）是无所不包的"壹"，莱布尼茨从一开始即设想出一种相当于"隐德来希"那样的"简单实体"作为基本单位，即后来所谓"单子"，把这个"壹"充满，不留任何虚空，接下来就把"单子"具有怎样的性质和作用论证清晰，这就必然地涉及数学和力学的问题了。

莱布尼茨认为，自然界和充满自然界的单子，是时刻运动着的、变动不居的，因此自然界是充满活力的、跃动的。这样的"世界"是众多可能性中最好的"世界"，是上帝作出的尽可能好的理性选择。这就是说，在上帝作出这种选择时，各种条件决定它是当时最好的、最符合理性的：增之一分则太长，去之一分则太短。同时，"世界"又一定是进步的、向前发展的，既然它充满着连续不断的活力的运动，因此，随着力的运动向前发展，上帝将不断相应地作出新的最佳选择。

在这个问题上,莱布尼茨被伏尔泰讥为"乐观主义者"。其实,这正是对经院哲学的一种突破,是一种宇宙进化观。莱布尼茨说这个世界是上帝的"最佳选择",是说在现有条件下可能实现的选择,并不是永恒的、不变的"选择"。而且,尽可能好的"选择"绝不是没有缺陷,相反,上帝已经洞见了这些缺陷,上帝终会弥补这些缺陷,作出新的"最佳选择",如此推衍下去。这里,上帝的作用诚然带有基督教神学的神秘主义特点,但在当时哲学的发展状况下,莱布尼茨不可能抛弃上帝,而且他需要通过上帝去接近理性。如前所述,莱布尼茨无法理解"简单实体",即"单子"是怎样相互联结并把空间充满的。莱氏的自然哲学最终解释不了这个悖论,只能举出"前定和谐",把"前定"的主宰权交给上帝。这就是说,宇宙的总体是"前定和谐"的,是浑一的,而充满于、共处于宇宙间的"单子"则是各自独立的。

同时,莱氏既然认为空间是不可分割的,时间是连续不断的,因而一切事物的变化只有程度上的差异,而没有"类"的不同。于是,在莱氏看来,没有绝对的是非、曲直、黑白。因此,莱氏的宇宙观既在总体上是折中主义的、调和主义的,又在局部上确认部分的独立性。

这样的形而上学观点必然反映在莱氏的政治哲学上。莱布尼茨绝不是一个与世隔绝的哲人,他是非常入世的,是很热衷于政治的,当然首先表现在宗教政治上。他有感于新旧教的分裂(他虽是新教徒,但认为天主教传教士的工作是传播基督福音),所以渴力支持,并且一生都为教派的融合——建立所谓"基督教共和国"——而努力。在政治上，他主张既要维护帝国至上地位的主权，又要保障帝国内各邦的权利，同时主张防范法国的霸权扩张。莱氏写的一些政治哲学论文，如1677年写的《德国君主主权及外交权之研究》、1693年写的《关于权利和正义的概念》、1715年写的《对修道院长圣皮埃尔〈永久和平方案〉的意见》等，都是他的哲学观点在政治、法律方面的反映。

三、莱布尼茨与中国

莱布尼茨在中国广为人知，在很大程度上是因为他对中国哲学和中国的一般情况具有很大兴趣。对此欧美的研究者有更多专门的研究，然而这个问题应从他早年为探索数学和形而上学的结合而找出一种"新方法"说起。莱氏对中国的兴趣与他建立自己的哲学体系的探索是分不开的。所谓"新方法"，就是要找出或创造出一种能够表示人类思想的符号或字母，他称作"普遍文字"。这些符号可以用数字来表示，因此是一种可计算的算术符号。符号之间组成的各种联系，传达出各种信息，凡是掌握这种"普遍文字"的人，不管天南地北，都能了然于心。这样就能够使理性哲学像算术那样准确无误。这种过程，就叫作"数学—哲学的研究过程"。

把思想转化为"符号"，可以用数字的加减来计算，把语言的隔阂、思维的繁复都用简易的"符号"来解决，这连莱布尼茨自己也认为是"造化之谜"。这种探索终其一生也没有完成。他晚年在给法国神学家韦尔瑞[1]的信中说："我还有一项计划，是我从早年起就一直想着的……由于缺少足够的时间，又乏称职人手襄助其事，所以这项计划至今没能实施。这项计划就是要通过演算来发现和创造真理，那完全不等同于数学，却能使真理像数学和几何那样不容置疑。"这叫作"演算哲学"。[2]

这并不是莱布尼茨的无根据的乱想。他这种探索与他中年形成的"前定和谐"的思想有着密切的关系。根据"前定和谐"的理论，世界本在先于经验之前即是一个整体，这种"和谐"是神所"前定"的，能够把万事万物都和谐地统一起来，任何矛盾、差异和冲突都可以在"前定和谐"中消解了；除了神是绝对的，一切的一切都是相对的，所谓差别无非是"程度"的差别，而不是"类"的不同；只要发现了人人都能掌握的这种"符号"，世界上的任何人就都能用这把万能钥匙打开"真理"的锁。

莱布尼茨正在想这些问题的时候，于1689年在罗马偶遇从中国回到欧洲的耶稣会传教士闵明我[3]，引起了他对中国古老文明的好奇心，从此两人经常通信。莱氏想：既然东方有绵延几千年的文明，那应该早就有了像"创世说"那样的普遍真理，一定有过表达这普遍真理的原始文字。他推想，远古的希伯来人可能把真理先传到了东方。于是，他便

---

[1] 韦尔瑞，法国耶稣会士，与莱氏多次就中国哲学问题通信。
[2] 《莱布尼茨关于中国的通信集》，Viltorio Klostermann，1990，第56—57页。
[3] 闵明我（1639—1712），意大利传教士，1669年来华，逝于北京，著有《方星图解》。

在同耶稣会传教士的通信中——这在当时是了解中国的唯一渠道——如饥似渴地了解中国、印度、日本以及其他东方民族的语言文字、历史、宗教和哲学、物理、数学、博物学等等。他于1697年编辑出版了《中国近事》，介绍他搜集到的中国情况，如天文学研究的情况、西方传教士在华活动、中国朝野对基督教教会的反应、当时中俄边界谈判等，共收进七封法、意来华传教士写的信。莱布尼茨在《序言》里说："全人类最伟大的文化和最发达的文明仿佛今天汇集在我们大陆的两端，即汇集在欧洲和位于地球另一端的东方的欧洲——支那（人们这样称呼它）。"因而他确信两大文明必然可以找到沟通的桥梁。

现在习惯上说莱布尼茨受了中国哲学的影响。从许多封通信，尤其是他死前写的但未来得及寄出的给法国数学家德·雷蒙的长信《论中国人的自然神学》来看，主要是两类内容：第一类是《易经》，更确切些说，其实就是那张"伏羲八卦方位图"；第二类是中国古籍中出现的"天""上帝""太极""理""气"等概念和这些概念之间的关系。

"八卦图"是法国传教士白晋[①]于1701年11月从北京寄给他的，当年莱布尼茨55岁。推想莱布尼茨要在第二年才能看到白晋的信。莱氏对此的复信作于1703年5月。

白晋是法王路易十四派到中国的六个传教士（其中一人死在半路上，所以实到五人）之一，他和另一传教士张

---

① 白晋（1656—1739），法国传教士。又名白进，字明远。

诚[1]留在了康熙宫中。白、张二人做了不少事，如给康熙讲几何学，用满文写了教科书、康熙亲自作序，他们还在宫里造了一个化学实验室，编了一本《人体解剖学》等。传教士的本职工作是传教，康熙对基督教比较宽容（至少在他晚年因中国的"礼俗之争"而开始"禁教"以前是如此），所以许多传教士把他奉为"开明天子"。白晋奉谕学习《易经》，根据故宫档案，康熙是屡次过问的，还亲自讲解，让他做笔记，当作"作业"给皇帝看。不过，白晋究竟弄懂了多少，怕只有天知道。白晋没有接触过任何像黄宗羲、胡渭那类易学行家，想来他那点儿《易经》知识无非来自康熙和一些官僚而已。那作为"作业"的"易经稿"似乎十分难产，据方豪从梵蒂冈图书馆抄来的十份有关馆存文献中的最后一件，康熙五十五年闰二月初二日（合1716年，是年，莱布尼茨逝世，寿70岁）谕大臣赵昌、王道化等给白晋传话："……白晋，他的《易经》，作亦可，不作亦可；他若要作，着他自己作，不必用一个别人，亦不必忙；俟他作完全时，再奏闻。钦此！"[2]白晋从知道中国有个神秘而万能的《易经》起，至此时已经十多年了。从口气看，康熙给的分数不算高，也许是因为罗马教廷在中国传统"礼俗问题"上指手画脚惹恼了康熙，以致对西方传教士失去了前时的兴趣，连带着对白晋也有些冷淡了。

但是，白晋毕竟在这十多年当中断断续续地摆弄过"八

---

[1] 张诚（1654—1707），法国传教士。
[2] 详见方豪著《中国天主教史人物传》（中），中华书局据香港公教真理学会、台中光启出版社1970年初版影印，第280—286页。

卦图"一类的东西，在脑子里总形成些印象。能够代表白晋对《易经》——其实即"八卦图"——的印象的文字材料，最重要的当属他初发现"八卦图"时于1701年给莱布尼茨的信。白晋以为，那些阴阳两爻重叠组合，从数的排列上与柏拉图、毕达哥拉斯[①]的"数"观念很相像，与莱布尼茨二十多年前发明的"二进位制表"相当契合，足见造物主泽被寰宇，并不分东西南北的。白晋忽发奇想，以为或许伏羲就是中国意义上的造物主，伏羲不一定准是中国人，而是世界上最早的古哲之一。在白晋眼中，《易经》就是"八卦图"，作者是伏羲，里面包含了开天辟地以来上至天象下至地理诸般学问，只是其原旨被后来的注家弄乱，在注释疏证里杂进了种种错误的和迷信的东西。白晋的这些看法，直接影响了莱布尼茨。

莱布尼茨与白晋通信，始于1697年，这一年，白晋正奉康熙圣旨自京返欧再物色几个有学识的传教士。1月，莱布尼茨给在巴黎的白晋写了一封很长的信，内容大体是：一、称赞白晋给康熙讲哲学（即基督教）和数学，大有助于基督教进入皇帝和他的臣属的心中。二、极高兴从白晋处了解更多的中国情况，以充实先时编辑的《中国近事》。三、了解中国的语言文字是了解中国历史的基础，所以希望寄赠中西文对照的字典。莱布尼茨认为，东方诸语必有相通处，沿中亚而西向，有些字根必随之而有所传衍。四、需要一本

[①] 毕达哥拉斯，古希腊哲学家、数学家，鼎盛年约在公元前532年，主要活动在克罗顿。认为数是万物本原。

详细的中国编年史,以观察和比较中西远古情况。五、莱布尼茨认为,中国的理论数学远远不能与西方相比,但是中国的长期历史,必然有可以为欧洲所需要的东西(指数学方面)。六、莱布尼茨设想,中西哲学必是相容的,他以"活力"的理论代替笛卡尔"实体"的广延,不知在中国可有此解。总之,中国的各种情况,如历史、伦理、政治、哲学、宗教、数理、工艺、医学、天文气象,等等,无不在他的兴趣之内。[①]

第二年(1698)2月,白晋给在汉诺威的莱布尼茨复信,第一次提到了《易经》,写了他对"八卦图"的看法,说它涵盖了所有学科的原理,是一套相当完备的形而上学体系,不仅有助于"重建远古中国人的正宗哲学,而且可能使整个民族了解真神之所在";这张图还有助于"在所有学科中建立起应当悟守的自然方法"。他认为,可惜的是,其中真义后来竟不得其传,如果能使中国人重振先人的哲学,则是中国人接受基督教义的一条方便途径。[②]

白晋寄出这封信不久又回中国了。莱布尼茨看到这封信后,产生了一种很新鲜的感觉,因为他以前得到的关于中国的知识都是零星的、现象的,白晋这封信则涉及形而上学。他在给韦尔瑞的几封信中一再表示希望得到白晋更多的启发,莱氏在1700年1月1日的信上说:"我一直认为必须尽可能地给中国人的实践和学说一个正确的阐释,就像圣保

---

① 《莱布尼茨关于中国的通信集》,第59—65页。
② 同上书,第71—74页。

罗在雅典看到陌生的神祇圣坛时所做的那样。"[1]

1700年11月8日,白晋从北京托人转信给莱布尼茨,重申对《易经》的看法,说远古的中国人从原始已有了"纯粹而洁净"的哲学,甚至比近代西方哲学还要"坚实而完备"。白晋认为,揆诸本源,伏羲之说与希伯来先哲是完全契合的。他在这封信里还以"八卦图"六十四卦的"数"字排列比附柏拉图和毕达哥拉斯的理论,以证明他持之有故。[2]

1701年2月1日,莱布尼茨致函白晋,在讲过欧洲近来的许多科学发明之后,详详细细地介绍了他所发明的"二进位制",说一切数都是由"壹"(unity)和"零"(zero)构成的,一如万物无一不是来自神和无。"壹"就是"1","无"是"0"。"一切数都是'壹'和'无'的各种结合,从'无'可以得出各种各样的结合,犹如说神从'无'中造成万物,而不必求助于任何原始材料;换言之,只有两个第一原则,即'神'和'无':'神'代表完善,'无'代表不完善,或非实质。"莱布尼茨在这封信里把"二进位制"各种组合列成表,说这种"数"论一定能打动中国的哲学家们甚至皇帝本人。[3]

1701年11月4日,白晋回函莱布尼茨,附寄了"八卦图"。白晋在信中说,看了莱布尼茨的"二进位制",觉得与"八卦图"的原理丝毫不爽,如阳爻可释为"1",阴爻可释为"0",六十四卦的组合排列恰与"二进位制"相符。

---

[1] 《莱布尼茨关于中国的通信集》,第111页。
[2] 同上书,第123—127页。
[3] 同上书,第134—143页。

因此，白晋说，莱氏关于"普遍文字"的设想与东方的古老符号的"真义"或有共同的渊源。因为在神所决定的"自然而和谐"的秩序中，这一切都是必然的。①

莱布尼茨看到"八卦图"和白晋的解说后，于1703年5月18日复了一封长信，基本上接受了白晋的看法，并加以发挥。②

以后，莱、白还有信函来往，直到1707年，内容脱不出上述范围。莱布尼茨死前写的《论中国人的自然哲学》中第四部分"论中华帝国创始者伏羲的文字与二进位制算术中所用的符号"，就是根据这些通信提供的材料写成的。

莱布尼茨与中国哲学的第二类内容，是用神学眼光解释中国的"天""上帝""太极""理""气"等概念。他这部分知识也全是从传教士那里得来的。莱布尼茨晚年看到了德·雷蒙给他看的耶稣会士龙华民[3]写的《关于中国宗教的若干问题》和方济各会教士利安当[4]写的《关于赴华传教的若干重要问题》的文章。德·雷蒙要求莱氏写一篇评论，这就是上面提到的《论中国人的自然哲学》。当时，德·雷蒙还给他看了马勒伯朗士虚拟的《一个基督教哲学家和一个中国哲学家的对话》，不过莱文中没有提及。莱布尼茨的"儒学"知识多来自龙华民和利安当两文中引用的材料，但莱氏

---

① 《莱布尼茨关于中国的通信集》，第147—170页。
② 同上书，第179—192页。
③ 龙华民（1559—1654），意大利传教士。1597年来华，逝于北京。有《圣教日课》等多种著作。
④ 利安当（1602—1669），西班牙方济各会传教士，逝于广州。

作出的判断和结论却与龙华民、利安当相反。

龙华民和利安当是反对利玛窦①对中国文化的"调和态度"的，例如利玛窦认为中国典籍中的"上帝"就是西教的"天主"，只是称呼不同而已。龙华民等认为，中国人根本就是"无神论"者，中国哲学的概念终归说的是"物质"，并不知"神"为何物。而莱布尼茨说中国与欧洲一样，同样是"有神论"。他用他的"前定和谐论"（在哲学上）和"教派融合论"（新教和旧教的融合、东西宗教的融合）来解释中国的那些概念和它们之间的关系。既然整个宇宙是神主宰的，"前定"的、"和谐"的秩序，那就没有什么是说不通的。当时，莱布尼茨关于"单子"的理论早已成熟，《单子论》写定于1714年，与《论中国人的自然哲学》等同属莱氏晚期著作，都讨论了上帝的存在、灵魂、简单实体等内容。中国哲学中使用的一些概念，都一概涂上了莱布尼茨的哲学色彩。莱布尼茨是用"单子"理论解释中国哲学，又用中国哲学来反证"单子论"的。他和龙华民、利安当一样，用的都是"我注六经"法，只是结论不同罢了。龙华民等注出了"无神论"，莱布尼茨注出了"有神论"。

莱布尼茨对中国的兴趣，始于他的青年，而比较深入地了解中国哲学是在他的"单子论"体系已经形成的晚年。莱氏没有直接读过中国的典籍，他对中国的知识全部来自传教士，在当时能有这样的理解，是很了不起的。再者，他所理

---

① 利玛窦（1552—1610），意大利耶稣会传教士。1583年抵华，逝于北京。著有《天主实义》等多种著作，传播数学、水利等知识。

解的中国哲学对他的哲学体系,应该说是起了"滋养"作用的,至少在"二进位制""简单实体"等原理上,使他觉得更有自信。所以,应该把莱布尼茨对中国哲学的理解,放在莱氏哲学思想的总框架里。

1997 年 6 月 2 日

莱布尼茨的"圆通之学"

莱布尼茨之于中国哲学的看法，约略如次：

第一，用基督教"创世说"比照中国哲学，这是那个时期西欧思想家在神学先入为主的定见里的必然现象。他们不可能不那样，他们总是在他们成长的土壤里孕育他们的思想。牢牢地坚持"创世说"，这是当时西方思想家共同的特点。若拿利玛窦、龙华民、马勒伯朗士和莱布尼茨相互参比，只是在用"创世说"格义中国哲学时作出了不同的解释。利和莱侧重与中国求同；龙和马则彻头彻尾地"立异"。利玛窦心里是很明白的，只是为了传教的方便，退一步是为了进一步，所以与中国哲学实行"妥协"。莱布尼茨则深刻多了，不仅是策略上的"妥协"，而且从理性神学的推理，推测出在中国远古的宗教思想里就已包蕴着自然神学的因素，而在自然神学和理性哲学之间，并不存在不可逾越的鸿沟。这是莱布尼茨深于利玛窦的地方，也是异于龙华民和马勒伯朗士的地方。

第二，莱布尼茨是用他的哲学体系来格义中国哲学的。莱布尼茨虽然没有念过中国书，但通过闵明我、李明，特别是白晋等传教士，隐隐约约地、一知半解地接触到三个时期的中国哲学。即以《易经》为主的古之六经、四书五经、宋明理学。在他看来，中国哲学中的许多道理都可以与他的哲学思想，特别是"前定和谐"论相合，或者说可以包容在他的"前定和谐"理论里。中国哲学的天地境界、人神境界、理气境界，实际上都是"先定"的，都能在运行之中达到"和谐"。"致中和，天地位焉，万物生焉"，实为一种"前定和谐"的宇宙起源论。这样的宇宙起源论，莱布尼茨认为也符合他的"单子论"。"前定和谐"的容量至大、极大，容得下宇宙万物，万物生生不已，动极而静，静极而动；充塞宇宙的无数单子之间，或相安，或互斥，都各有自己的位置；诸多矛盾、事物的辩证统一，万千运动，统统都可容纳在这包罗万象的、早已安排好的无比"和谐"之中。上律天时，下袭水土；譬如天地之无不持载，无不覆帱；譬如四时之错行，如日月之代明……莫不可用"前定和谐"来解释。所以，莱布尼茨也能理解"无极即太极"之理，也能接受"理在气先"之说。因为反正都是"先定"的。及至从白晋那里得知《周易》重卦的游戏、乾坤阴阳的重叠变化，莱布尼茨大喜过望，发现在远古的东方文明中竟有如此富于理性思维的经典。

然而，莱布尼茨于中国哲学中感到最不满足的，就是中国哲学里虽有"先定"的思想，但却从不把"先定"点破。莱布尼茨有意为中国的祭祖祭天的礼俗辩护，说不要太计较那些礼仪形式，因为那些礼拜可以最终引导到礼拜基督，因为中国人礼拜的对象最终是至高无上的"神"。问题是需要神启论对中国哲学加以引导和改造。神启论在莱布尼茨的哲学语汇里，就是"前定和谐"论。

第三，莱布尼茨的"教派融合"论应用在哲学上便是一种哲学上的调和主义。他认为，基督教的任何教派都可以在创世和神启的前提下结合起来，基督教教义应该具有最大限度的容量，足可以汇纳百川。不仅基督教内各种教派，就是基督教以外的属于思想、精神范畴的理论、学识、主张等等，都不是与基督教的总教义对立的。莱布尼茨认为，中国哲学同样可以与基督教义相融合。"irénisme"本来用于基督教内各派的融合，莱布尼茨把它扩大了，扩大到了中国的"自然神学"，所以是一种放大了的"irénisme"。他在中国哲学中的形而上学（特别是"新儒家"）和《易经》中找到了可以实现东西方融通一体的心理，从而使基督教在吸收了东方文明以后成为名实相符的、贯通东西的"万国宗教"。

莱布尼茨的 irénisme 可能包含两层含义。一是莱布尼茨生活在前启蒙时期，欧洲还没有完全摆脱中世纪沉闷的空气，外界的些许新鲜空气都对欧洲社会文明的进步起着鼓舞作用，法国传教士们从中国传来的信息，使莱布尼茨感到清新，使他的哲学得到外域的滋养。他说："鉴于我们的道德急剧衰败的现实，我认为，由中国派教士教我们自然神学的运用与实践，就像我们派教士去教他们由神启示的神学那样，是很有必要的。"

二是莱布尼茨无疑是利玛窦传教方式的推崇者，然而他更进一步的是，他适应了炮舰政策以前的文化扩张主义的需要。莱布尼茨赞赏中国文化，但他是一个欧洲中心主义者，欢呼中国哲学是为了渗入中国哲学的领地。为了打开中华帝国的大门，就只有用利玛窦的办法，而不是用龙华民的办法；

要求同，而不是立异。而莱布尼茨则恰恰提供了"求同"的哲学基础。

莱布尼茨的哲学，是一种"圆通之学"，在他的眼界之内，方圆能周。这种哲学的一大特点是善于调和和吸收，伸缩性很大，像海绵一样。在这一点上，同中国的宋明理学也容易说到一块儿去。因为宋学便是融合圆通之学，宋儒与道释实是"你中有我，我中有你"。就像《老残游记》第九回里屿姑对申子平说的那一大段话。那确实是对新理学的深入浅出的评说。屿姑是这样说的：

> （宋儒）既非道士，又非和尚，其人也是俗装。他常说："儒、释、道三教，譬如三个铺面挂了三个招牌，其实都是卖的杂货，柴米油盐都是有的。不过儒家的铺子大些，佛、道的铺子小些，皆是无所不包的。"……其同处在诱人为善，引人处于大公。人人好公，则天下太平；人人营私，则天下大乱。惟儒家公到极处。你看，孔子一生遇了多少异端！如长沮、桀溺、荷蓧丈人等类，均不十分佩服孔子，而孔子反赞扬他们不置；是其公处，是其大处……

仔细咀嚼一番莱布尼茨，也是兼收并蓄的。他骨子里的神学没有使他像马勒伯朗士那样"铁杆儿"，他似乎并不怕同被指为"唯物主义"的中国哲学"划不清界限"。那时的神学家们疾"唯物主义"如仇雠。他们先给宋明理学扣上一顶"唯物主义"的帽子，当然是扣歪了。然后"划清界限"，并"株连"全部中国哲学。莱布尼茨没有取这种办法。莱布尼茨是个有点"修正主义"味道的折中主义者。

1992 年 2 月 26 日

莱布尼茨的"普遍文字"

不少书上说欧洲的启蒙运动是在中国的影响下发生的。有些中国人尤其喜欢听这样的话。在谈到此问题时，莱布尼茨是经常被提到的。莱氏确实对中国有很浓厚的兴趣，他与当时在华传教士的通信可以证明。但是，莱布尼茨为什么对中国有这样大的兴趣呢？从他同传教士们的通信中时时可以看到，他认为，增进同中国的互相了解，有助于更好地传播宗教；他是一个教派融合论者，他相信基督教不仅可以把基督教的多个教派调和在一起，还能够把其他宗教也纳入其彀中。所以在谈到莱布尼茨与中国的时候，他是以欧洲文化为主导的一方的。这本是一个不可能有人否认的事实。问题是当涉及莱氏对中国哲学的赞许的时候，有些人就难免有意无意地夸大了中国哲学的影响，以至认为莱氏"崇拜"儒学，甚至莱氏的"二进位制"是来自《周易》的了。

这是一种用放大镜观测某一细部的方法。

读一读莱氏在1677年写的《通向一种普遍文字》，对于莱氏全神贯注的问题是什么，可以有所了解。

莱布尼茨从孩提时起，就在探索一种"普遍文字"，借助于它，把形而上的概念化为"符号"，使不同的民族对之达到通解。这些"符号"可以用数量表示，于是，"这种语言的符号和文字,将会起到像计数的算术符号和计量的代数符号一样的作用"。他觉得"必然会创造出一种人类思想的字母,通过由它组成的联系和词的分析,其他一切都能被发现和判断"。

起先这些只是出自一些"灵感",由此追踪下去,莱布尼茨不仅产生了一种发现新奇时的喜悦,而且一直坚定不移地上下求索。他确信,一定能找到一种方法,以和算术同样无比明晰的一种理性的哲学,去创立一种数学——哲学的研究过程,把道德和形而上学的命题都用计算的方法加以解析。

莱布尼茨同年另一文《综合科学序言》亦发其旨。如说:"……我们当前最需要做的是:根据一个审慎的计划和规模,做出某些实验(而不是通过那样常见的偶然的摸索),借以在其上建立一个稳当的和论证的物理学堡垒。"

他认为没有什么能够比数学更能够确切无误地检验论证是否正确,因为,"数学本身带有对自己的检验","倘若我们能找到一些字或符号适宜于表述我们的全部思想,像算术表明数字或几何学的分析表明线那样明确和正确的话,我们就能在一切科目中,在它们符合推理的范围内,完成像在算术和几何学中所完成的东西"。

莱布尼茨所追求的是对研究对象的科学论证。要做到这点,莱布尼茨认为只有用计算的方法,把一切概念性的东西都用简单的数字来表示,从数学的变换来了解概念。这样得出的论证,由于是计算出来的,所以准确无误,也就不会产生分歧。

他一辈子都在想这个问题。不能不佩服他这种一以贯之的精神，应该说是一个科学家应该具备的精神。为此他广泛地寻找材料，《周易》——确切说就是那个"八卦图"，是他遇到的他认为最有价值的材料。

简要地说，《周易》对莱布尼茨的启发就是这些。把爻变成数字，用爻卦的重叠表示数字的规律，莱氏从中看到了深意，然而这"深意"又是形而上里的什么，即那些人人理解各有不同的爻辞作何解释，则远非莱氏所能达到的了。

1995 年 12 月 17 日

莱布尼茨的"造化之谜"

17世纪的德国哲学家莱布尼茨发明了"二进位制"数学,称之为"造化之谜"。近时,在我们这里的一些文章和讨论会中,经常可见一种说法,说莱布尼茨的这个二进位制是受了《易经》的启发而创造出来的,以此作为莱氏有"儒家情结"以及18世纪欧洲出现了所谓"中国热"的一个旁证。如今人云亦云,差不多已经成为定论了。我一向认为不是那么一回事,曾经正经写过文章的,如刊于今年《读书》第五期上的《莱布尼茨和"儒学"》等。不过我的这类文字"学究气"比较重,而且湮没在那么多鸿篇巨制之中,加之人微言轻,估计根本不会有谁留意。所以现在这篇短文就专拣出这个"二进位"问题说一说。

当然,说莱布尼茨与《易经》有些关系,倒也并不是完全子虚乌有。他在晚年确实从一个叫白晋的法国传教士那里得到过一张邵雍的"八卦图",并且根据白晋提供的解释,发现那"八八六十四卦"里面隐隐含有他早些时候发明的二进位制的原理。他于是顿生"先得我心"之感,说:"这恰恰是二进位数学,是这位伟大的创造者(指孔子)所掌握,而在几千年之后由我发现的。"莱布尼茨还出于传播基督教的责任感,认为这"八卦图"的奥秘大有妙用;便在给他的传教士朋友们的信里一再说，这可以用来证明伏羲、孔夫子、基督神明都揭示了这个"造化之谜"，足可见基督教义与中华古义可以互参；他认为，用这个道理一定能更有效地使康熙皇帝和他的臣民们信服基督教乃是泽被寰宇的"万国"宗教，因而大有助于宗教在中国的传播。莱布尼茨是新教徒，但他的传教方法与耶稣会的利玛窦实出一辙。

其实，莱布尼茨和后来的伏尔泰都十分清楚：中国有的是"道德哲学"，或叫"应用哲学"，而在数学和纯粹哲学方面却是远逊于欧洲的。莱布尼茨是数学家，有几项很有影响的发明，最著者有如与牛顿不谋而合地各自发明了"微积分"，制造出可以演算四则和开方的手摇计算器，等等。所以他发明数学二进位制是有丰富数学素养为基础的。何况莱布尼茨的这些发明在前，得到"八卦图"在后，只凭这一点"时间差"，就绝说不上他是在《易经》的启发下创造了"二进位制"的。莱布尼茨的《易经》知识（其实就是那张"八卦图"）全部来自白晋。白晋根据自己的一知半解，把卜吉凶这层原意隐去，用基督教神学加以附会穿凿；然后，莱布尼茨全盘接受下来，写在了他最后著作之一《中国的自然神学》里。莱布尼茨与《易经》的关系，大略如此。

我看过一些欧美学者写的有关这个问题的文章，表述是比较留有余地的。例如加拿大的秦家懿教授说，莱布尼茨发现"自己发明"的二进位数学在那张"八卦图"中"可以得到印证"。这就比直截了当说"二进位制"受了《易经》的影响一类武断的讲法，显然要确切得多，严谨得多了。

也许有人怪我过于胶柱鼓瑟，区区小事也值得这样钻牛角尖！不过，我毕竟算是个做学问的，做学问的"怪癖"之一就是较真，遇到过不去的事总想弄个明白，否则心里不舒服。此其一。其二，我以为更重要的是这里涉及问题的上下文。因为持此说者的用意，大多是为了表明我们的祖先本是聪明过人的，有过"过五关斩六将"的光荣历史，只是后来才落到后面去了。诸如此类的事例就是经常用来显示中国"儒学"如何之启发了欧洲的启蒙运动的。我想说，至少"二进位"之说在这里是派不上用场的。

写到这里，想到了清初即曾有过的"西学源于中土"的高论，据我所见到的，以康熙说得最为简明扼要。他在向欧洲传教士们学了些数学物理之后说，这些"数象之学"，"源出自中国，传及于极西；西人守之不失，测量不已，增岁增修，所以得其差分之精密，非有他术也"（《康熙政要》）。原来西方的玩意儿，都是我们传去的，"非有他术也"！

最近若干年来又屡闻惊人之语，如《易》中有"市场经济"之类，似乎"西学源于中土"又来了！

日前一个朋友突然问我：你说西洋的"理性"（reason）与宋明理学什么关系？我知道他在明知故问。然而，据说此间竟有人猜测其中必定是有什么"关系"。朱夫子想必没有读柏拉图，那么所谓"关系"也者就该是西洋的"理性"来自宋儒了！这可真是一个"新闻"。当初莱布尼茨、伏尔泰等人从传教士处得知宋儒有"理"之一说，用的是音译"Li"，因为在西文中找不出对应的字；"reason"与"Li"直如风牛马，此"理"非彼"理"，明矣。任作比附，岂不乱了套。

读费杂感（一）

一

费希特说：科学达到的每一阶段，都必须在它能步入一个更高阶段之前就已达到；继卓越人物之后受某种幸运的偶然性的召唤而进行工作，这确实不是个人功绩；在这里可能出现的一切功绩，都不是依靠幸运的发现，而是依靠诚实的探索，对于这种诚实，每个人只能自己评判自己，自己衡量自己。

此处说"诚实的探索"，极为重要，凡严肃的学者均应具备。唯不尚矜夸、矫饰，不求幸运和任何"恩赐"而来的各种"效应"，而专以求真知真学为己任者，方能得之。

二

时下多时髦地标榜"自我"，如"自我""自我位置""自我价值"等等，以为深沉之至。而费希特的"自我"则含有中国的"万有归一"的"一"字之意；且有"大我""小我""新我""旧我"之别。此"我"字是大写的

"我",而不是利己主义的"我"。现在流行的"自我"并无哲学的兴趣,倒是一种十足功利主义的,实是给自私自利加上了一层哲理外衣。费希特把当时所处的时代标为"利己主义"的时代,他的"我"恰是要克服这个时代加之于人的枷锁,而要获取理性之自由。

"自我意识"内含着严格的"道德规范"。

三

费希特认为教育在振兴民族精神中可起决定性的作用,说教育有助于造成"我"。"我"在西哲中与"存在""实体"等都有"总体"的意思。"总体"是"扩大的我",与一切从己出发的自私自利主义是对立的概念。费希特《对德意志民族的演讲》,特论及振兴和普及以培育新一代统一的德意志民族精神为任务的新教育,其意义可谓大矣。

费希特认为,"教育"于培养人、培养一个民族之最重要者,在于消灭作为"阴暗情感"本性之"利己主义",代之以"清醒的认识",从而激发受教育者的"自我行为",奋进向上,扩"小我"为"大我",及至改造整个社会。因为"教育"必能引导受教育者严格地认识"必要性",进而以"必要性"统一"自由意志"(此处"自由"作随意、任意解)。按费氏理解,人性本是"自私"的,其本能如此,"自我"的意识即由此而发,因"自私"而有所"恐惧"、有所"希冀",于是必待"教育"而使之有醒觉,即"清醒的认识"。此时的"我"便不再是褊狭的"自我",而成为

"我"所属的"全体"的一部分，此"全体"即"大我"也。故从荀子解费氏，可通。而以卢梭解费，则或有不顺处；虽然卢梭亦言"教化"。仍是从康德来解最顺，观康德以"教化"为使"政治与道德""幸福与道德"相一致的唯一门径，可知之矣。

四

费希特书极难懂。拣有关著述翻阅之，以罗素最简明，且得要领。

有以费希特为"国家主义者"者，云为纳粹所用。此说大可辩。大凡一种理论之出，必为有心人所用，已是通例。被纳粹利用的德国哲学家多矣。尼采、海德格尔固不必论，即黑格尔亦不得免。若据以倒推，反果求因，则世间恐无干净的理论矣。德国人重民族其来有自，19世纪唯康德是超民族的，所以他不以赫尔德之种族优越论为然。德人重民族之心态与英法异。德民族在史上长期分裂是重要原因，而拿破仑之占领普鲁士，则是费希特一代德国文人被激发为"民族主义者"的关键动因。歌德有"德意志祖国，你的边界在哪里？"之呐喊，最是德人心声。费希特的"自我意识"本是很虚的，相应于康德的"纯粹理性"，黑格尔的"绝对精神"，亦犹中国之"太极"。但是，"自我意识"一旦与现实相结合，便产生了费希特的矛盾：既拥戴法国革命之理想，也不能接受摧毁了封建制度、却成为普鲁士的占领者的拿破仑。于是，"自我意识"乃变成德意志民族意识，费希特遂于耶拿、柏林之间奔走呼号，为一个思想进取、意志坚定、社会进步的统一民族的诞生而鼓呼。于是呼吁以一种为此目的而设的"新教育"来造就新的德国人。此则复与康德之"教化论"相合。康德曾有言："人只能因教而成人；教育把人造就成什么样子，人就是什么样子。"（L'homme ne peut devenir homme que par l'éducation. Iln'est que ce que l'éducation fait de lui.）康德类似语多矣，这是 1803 年在《关于教育的思考》中的话。

1996 年 7 月 8 日

读费杂感（二）

人类历史分期，有多种分法，康德、马克思从人类文明进步的程度分；黑格尔把历史分成东方的、希腊的和近代的。费希特则比较而言是纯精神的，他按照人类以纯朴本能到理性的历程，把这一历程分为人类社会走向自由王国的五个阶段。这就是：一、人类的"纯朴阶段"，主宰人类社会的是人生而具有的本能，这大概是亚当和夏娃吃了"禁果"以前那种洁白无瑕的状态。二、人类在外界的压力或诱惑下，那本初的纯朴本能渐渐消逝了，偷吃了"禁果"，开始做"坏事"了，因此是"犯错误的初始阶段"。三、再进一步就是"罪孽状态"了。在这种状态里，既没有纯朴的本能，也不受理性的管制，对任何真理都持冷漠怀疑的态度。用费希特的话来说，在这个时代里，"纯粹的物质利己主义成为煽动一切冲动和激情的动力"。四、物极必反，理性时代开始降临，从此人类开始向自由王国迈步了，这就相当于从"原罪"到"赦罪"的阶段；在这个阶段，人类开始重视理性科学，摆脱了罪恶的控制，并去寻求真理。费希特说这是"赦罪的初始状态"（Justification，梁志学译为"为真理辩护"）。五、人类进入理性时代，进入了自由王国。到这时，人才取得了自由。至此，人类便达到了"完善赦罪和圣化状态"。

费希特的这个分期是他在1804年至1805年冬季在柏林作的《现时期的特征》系列演说中提出的。他还说,当时属于第三个时期,即不讲道德、不讲真理、不讲理性,一切以"物质利己主义"为依归的"罪孽"时期。三年以后,他又于1807年至1808年那个冬季作了《致德意志民族》的系列演讲。在这次演讲中,他说,第三个时期已经走到了尽头,开始步入第四个时期,即要求用理性去观察世界了。好像一个人甩开了"原罪"加诸自身的精神束缚,奔向开阔的天地。这或许可说即相应于启蒙时期吧。

费希特之所以这样说,我想是与当时的政治环境很有关系的。拿破仑进军普鲁士,硬造个莱茵同盟,致使德意志国家的分崩离析状况更加没有改变的希望。这在德国的知识分子中造成了一种很复杂的心态。在法国革命上寄托着改造自己命运希望的德国启蒙思想家们,迎来的竟然是民族的更加分裂和被奴役。本来德国的知识分子就有很深的民族情结:眼看其他西欧的民族都有了自己的民族国家,德意志民族却分割在那么多的中小邦国里。歌德问道:"德意志祖国,你在哪里?"黑格尔叹息:"德国已不再是国家。"在这样尖锐的政治现实中,任何抽象的哲学理念,都有了十分实际的内容。费希特的"自我"意识扩大为"民族的自我意识",大写的"我"(ICH)从而与利己主义意义的"我"对立起来;费希特在演讲中要求德国人从"模糊的本能"跃进到"清醒的认识",把"我"张大为"总体"。

也许他觉得,人的认识一旦越出本能阶段、跨进"醒觉"的阶段,就可以结束那"物质利己主义"的驱动阶段,而19世纪初拿破仑进军耶拿,就给德国人提供了取得"清醒认识"的契机。费希特在建构他的"知识学"的时候,他一心想青出于蓝,要在建立知识体系上超过他的老师康德,用"自我"一元论代替康德的每走一步就出现一个悖论的二元论。就在费希特为自己的"知识学"终于摆脱了康德式的困境而沾沾自喜的时候,康德给他泼了一盆冷水:"纯粹的知识学不多也不少,恰恰就是单纯的逻辑。"单纯逻辑不涉及认识的内容,只是把概念叙述得很符合逻辑而已。康德说:"要从纯粹的逻辑提炼出现实的客体,是一件白费力气的工作。"可是直到1799年8月康德写这些话时,费希特还是不承认有客体的,所以他的认识自然是没有内容的认识。

然而,拿破仑可是实打实的"客体",费希特的"自我意识"无论是怎样认识"本原行为"的,他也只能让"自我意识"去接近客体。费希特写了那么多关于"知识学是一切科学的科学",在"自我""非我"中钻来绕去,都不如他在法军占领下《对德意志民族的演讲》讲得明白。虽然费希特"钻牛角尖"式的文风没有改多少,但那意思已是常人所能领悟的了。

而"自我"并非"利己主义"(egoism),甚至是与之相对的"大我",就很明确了。费希特在关于"知识学"的几篇著作也都企图说明这个道理,但是由于他的脑子里充满了概念上的逻辑游戏,所以使人觉得深奥而欠通达。现在脑子里有了拿破仑,又有了因为拿破仑而需要一个立得起来的德意志,那"自我"的内涵精神也就比较容易理解了。

由此联想到我们这里颇为时兴的"自我",如说,实现"自我价值",或径直说实现"自我"等等。有的特意似乎很深沉而"新潮"。一般的意思是指发挥个人特长,发挥个人(在集体中的)作用。这原是极正常、极普通的事。问题出在这个"我"字上,并不是都像费希特那样把"ICH"当作哲学概念,让"自我"也包括"非我",更不像笛卡尔那样把"我"当作思维的主体;而只是把"我"很现实地作为"一己之私"的我。因此在用"自我"这一字时,可以在圣洁的罩衣下掩盖着自私自利;"Ego"一延伸为"egoisme",性质和意义就都变了。

1996 年 7 月 11 日

读费杂感（三）

费希特青年时期崇拜康德，其开篇《试评一切天启》，文风极似康德，拿它作为趋见康德的"见面礼"，康德大悦。发表时未署名，（有意为之？）好多人竟认为出自康德手笔。正在此刻，康德出面点明真正作者，费希特由是声名大振。

《试评一切天启》捍卫康德实践理性的观点，把"天启"问题放在实践理性面前去加以检验，这里面有一个意思与当时的普鲁士的宗教检查官所立的标准不合，就是把理性放在了信仰神的"奇迹"而产生的"启示"之上。费希特请教康德，怎样应对严格的书报检查。康德给这位初出茅庐的后生出了个主意。他说，费希特的这个意思（"按照理性，前一种给予的启示的信仰，不能建立在奇迹信仰之上"）虽然并没有取消天启的"奇迹"，但是，"按照书报检查目前可遵循的原则，您的作品是无法通过的。因为按照这些原则，某些章节被逐字逐句地收纳进教义之中，而这些章节中是人的知性很难理解的，更不用说能被理性领会为真了。在这里，任何时候它们都需要奇迹来支持，永远不可能单纯成为理性的信条"。康德给学生出的主意就是使用曲笔，在"超越一切怀疑的信仰和一种单纯道德上的信仰（而实践理性的'道德律令'）之间"，"作出使他（书报检查官）理解、使他满意的区分"。

康德帮助费希特渡过了这一关,自己却没有逃过去。两年后(1794年),康德因《纯粹理性范围内的宗教》等著作犯了神学院的忌,普鲁士的书报检查官根据神学家的意见,禁止出版。康德干什么都讲二元论,虽然他远不是无神论,但是却要让理性来检验神,他以为他既然虔诚地相信宗教,也应该为了确证它而对它进行理性的"学术研究"。然而康德没想到神学是不能商榷的。他无法接受给他的警告,又无法放弃理性对宗教的研究,他在上国王弗里德利希·威廉二世疏中说:"我在任何地方都坚持认为,一个承认启示信仰的人,必须具有责任心,也就是说,他必须只承认他真正知道的东西,并且决不勉强别人相信他知道自己也没有充分确认的东西。同样,在撰写涉及宗教的作品时,我清楚地意识到:永远不能失去良知,它是我心中的神圣法官。"(《康德书信百封》)

那时普鲁士的书报检查制度是很苛刻的,他在致友人拉·伽尔德的信中说:"由于我的主题本来是广义的形而上学,作为这样一个学科,它包括神学、道德(同时还有宗教)以及自然法(同时还有国家法和民族法),尽管这种包括只是就单纯理性对它们的看法而言的。但是,书报检查机构现在加强了对这个学科的控制,人们无法保证,这些专业中的某一个所愿意采纳的作品,是否会被检查机构突然一笔勾销。如果似乎已经临近的和平得以实现,那么,但愿更确切的规定将会更精确地勾画出作者必须遵循的界限。这样,在作者还保持有自由的地方,他就会感到安全了。"(《康德书

信百封》）

18世纪的欧洲是新旧尖锐并存的时期，普鲁士还是很黑暗的，启蒙的思想仍是在压抑中成长的。费希特和康德都感受到那种气氛。费希特的感觉似乎更加敏锐一些，《向欧洲各国君主索回他们迄今压制的思想自由》和《纠正公众对于法国革命的评论》，都是在那种空气里、在那些年代写出来的。费希特在老师的影响下，比老师更多了些锐气和棱角。

1996年7月18日

读费杂感（四）

此间近来谈论民族主义的文章渐多，因思民族主义之议每带有甚为敏感的政治情结。于是便写信向一位德国朋友求教，问他怎样看政治因素对民族、民族精神、民族自性、民族主义的影响。因为德国民族在历史上受政治的震撼亦甚剧烈，分而合、合而分、形式上统一而精神上分裂，都于民族性格有复杂的影响。我不想以此采取强附中国的实用主义的态度，更不拟据以求是非，尤其不愿牵入情绪的成分，只是想从别人的经验检索政治与民族的关系。盖 nationality 变成 nation 的过程，必是政治起了决定性作用的过程。

回信未直接答复，只说康德、谢林、费希特、黑格尔时期的"德意志理想主义"在统一后已是明日黄花，"两个（德意志）世界"并未真正合而为一。同时信息时代的特性又势必与狭隘的民族主义不相容。故传统意义的民族主义，于今观之，已成大问题了。是以在某一问题上，民族主义甚为张扬；而在另一问题上，民族主义适成前进的绊脚石。此固不可一概而论者也。

德国朋友因寄费希特对德意志民族的演讲录于我。

这本书并不能直接解决我提出的问题，但费希特个人的思想变化，却是有启发的。费希特在哲学上是主观唯心主义者，但他的政治主张在青年时期就很犀利，在法国革命问题上比康德还要鲜明些。普奥联军干涉法国时，他是拥护雅各宾的。他从理性哲学的理论去维护法国革命的原则，用语晦涩难懂，这是搞抽象理论的一种"职业病"，当然有普鲁士王朝书报检查令在，他能做到《纠正公众对于法国革命的评论》那样，已属难能可贵了。他那时的思想还谈不上是普鲁士的民族主义，在他看来，倒是法国革命代表了"野蛮时代"在欧洲的结束，并走向了"理性时代"的，而普鲁士理应从中受惠。

到19世纪初，拿破仑在结束意大利战役之后，迅速攻破奥地利，强渡莱茵河，迫使德意志神圣罗马帝国解体，接连在耶拿和奥尔施泰德会战中击溃普军，随即进入柏林……费希特的思想就飞跃地转变了。还是那个体现理性精神的"绝对自我"，还是那个建立"一切知识的知识"的"知识学"，现在则通向了建立国家形态的德意志民族的觉醒。在此前（1804—1805年冬季）的《关于当前时代》的系列演讲中，他把人类历史分为混沌的本能时期、原罪时期、物质利己主义的罪孽时期、走向理性的"脱罪"时期和理性自由王国时期。他说，德意志民族正处于第三时期和第四时期之交。这个喻义很有些像但丁的"炼狱"阶段，维吉尔正在把但丁向"天堂"的路上引。在这里，费希特大大地发挥了一番他的"自我"哲学：这个大写的"我"（ICH）是"物质利己主义"发展到极致而自行毁灭的"我"，"我"属于"壹"，是一己之"我"扩大为民族之"我"；抽象本体论的"我"，几年之间变成了现实的、民族的"我"。

这是费希特的转变,甚至是一种飞跃。费希特之被标为"民族主义者"亦正在此。此时,拿破仑拼凑起"莱茵邦联",德意志民族如同碎片。于是,费希特就在被占领下的柏林作了这14讲系列演说,这些确实可以称作政治化的"自我哲学"。他要把每一个德国人"培养"成从"内心深处"自认为是德意志的一分子,他说这是一种"必要性",只有取代了"随意性"的"必要性"才是理性的、道德的"自由王国"。而所谓"培养",就是"教育",首先是"心性的培养",把人"教育"成最应该的样子的人,因而成为德意志民族的"集体"。

费希特之重视"教育",也还是有康德的传承。康德三大批判的联结,除去批判哲学的前后承接,外力就是靠"教化",特别是从知性到理性,到"道德律令"把政治和幸福统一在自己名下,都是要靠"教化"。康德晚年发表的《关于教育的思考》说:"人只能经教育而变成人。教育把他做成什么样子,他就是什么样子。"当然,康德讲的是作为人种的人,费希特则特指"德意志人",他心里存着要建立一个德意志人的国家的念头。所以,费希特说:"合乎理性的国家不能够靠弄虚作假的做法,用手头现有的材料建立起来。相反,要建立起这样的国家,一个民族首先必须获得文化素养,教育水准必须得到提高。一个民族只有靠脚踏实地的工作,首先解决了培养全面发展的人的教育课题,然后才能解决建立完善的国家的课题。"(梁志学等译:《对德意志民族的演讲》)这几句至为关键。比康德多了两层意思,教育之育人在康德是通向"道德律令"下的"至善";费希特对此没有异议，但特别强调两个环节，一是教育整个民族成为"政族"或"国族"（nation），二是把"国族"变成理性的"国家"，当然是德意志"国家"，而尔后作为永恒的议事日程的进步，则是经过教化国族而教化人类。对于这样一种把教育和哲学"相参"的使命，费希特属意于德意志民族。此时，费希特不仅把破碎的德意志当作一个"民族"概念（nationality），而且是当作有国家理念的"国族"（nation）了。因此，从这个意义说，费希特比康德更加"民族主义"，拿破仑占领普鲁士的欧洲政治是费希特成为"民族主义者"的不可缺少的原因。

1996 年 7 月 25 日

费希特的矛盾

人类历史的分期，可以有多种分法；不论怎样分，都是要说明人类社会和文明是从低级向高级发展的。例如，康德把人类社会历史分为野蛮时期、民族时期和理性的"公民普遍立法社会"的"至善"（the highest good）时期。这是最宽泛的分法，几乎是一种普通常识了。马克思的五种生产方式，从原始共产主义到科学的共产主义，和康德的大框架也是吻合的，黑格尔的"历史精神"把人类文明分为东方的、希腊的、罗马的和日耳曼的，同样说的是社会和文明的进化；不过，他不像康德和马克思，他没有把历史再向前推，到"日耳曼"就刹住了，"历史到此终结了"。前几年很热闹了一阵子的福山的《历史的终结》，就是拾得黑格尔的一点点牙慧作出的一篇应时"大文章"。

费希特的历史哲学比较古怪，比起康德和黑格尔来，更加是"纯精神"的。他把人类从纯朴的本能到理性的自觉走过的历程，划为如下五个阶段：一、人类的"纯然本能状态"，相当于亚当和夏娃吃了"禁果"以前那种洁白无瑕、一派天真、本能理性的状况。二、由于抵不住外界的种种诱惑，亚当和夏娃偷吃"禁果"，恶性开始发作，于是进入了"犯错误的初始状况"。三、再进一步进入了"罪孽状况"，纯朴的本性、天生的理性至此已荡然无存,主宰人类社会的,是放纵、横暴、冷漠和怀疑,是一个"纯粹的物质利己主义成为煽动一切激情的动力"的时代。四、物极必反,理性时代开始降临,理性科学渐渐受到重视,前一段的"罪孽状况"正在发生变化,是为"赎罪的初始状况"。五、人类进入了真正理性时代,认识了必然的"自由王国",到了这个阶段,人取得了完整意义的自由,即所谓"赎罪的完成状况和圣化状况",或叫作"理性艺术的时代"。

费希特这一套,很有点像教士在教堂里的说教,凡人听了颇不耐烦。不过那意思仍是说人类的精神世界发展到最高境界时终于是净化而崇高的。费希特哲学的"catchword"(口头禅)是"自我",这五个阶段即是作为本体的"自我"的旅行全程。好像《神曲》里的但丁,在维吉尔的牵引下,走完"地狱、炼狱、天堂"的全程。这在欧洲曾是一个极具启蒙意义的思想路程,切莫因为它有如念经一般而小看了它。放到历史观点上看,费希特的历史哲学一步也没有离开康德的"世界主义"理想。历史对于费希特来说,就是全人类战胜自然的共同努力。歌德说,费希特的哲学要表示的观念是:"只有联合一致的人才能过人类生活。"

费希特的这一分期,见诸他1804年冬季在柏林作的题为《现时期的特征》的系列演讲。当时的欧洲正处于他所谓的第三个时期:不讲道德、不讲真理、没有理性、没有自由,人的行动悉听"物质利己主义"的驱动。三年以后,即跨1807年和1808年的那个冬天,他在柏林又作了14次系列演讲,总题为《致德意志民族》。在第一讲中,他宣布第三个时期已经走到尽头，是该进入第四个时期的时候了。有如一个人抛开了"原罪"加诸自身的精神枷锁，要用理性去观察一切了。

费希特的这两次系列演讲，特别是这后一次，与时局给他的刺激大有关系。先是法国大革命，他认为它对于全人类都是重要的，对于他要逃出"专制君主的地牢"，是一极大的鼓舞。然后紧接着是拿破仑当了皇帝，而且很快把战火烧到了费希特的祖国，耶拿、柏林相继失陷。这在当时的德国知识分子当中引发了一场强烈的心理地震。费希特的"世界主义"理想，骤然与民族意识遭遇。对理性的追求，受到了感情的挑战。他预设的天衣无缝的"自我"哲学发生梗阻。单凭抽象的哲学理念，担当不了解释现实的任务。费希特在这些演讲里，相当生硬地把"自我"同被占领的柏林联结起来：大写的"自我"放大为民族的"我"，"小我"变成"大我"，"旧我"变成"新我"，本体论的"自我"变成政治化的"自我"。

费希特认为，人的认识一旦越出"朦胧的本能"阶段、跨进"醒觉的认识"阶段，那个"自我"就成为"利己主义"的对立面。拿破仑进军耶拿、占领柏林，给德意志民族提供了"醒觉"的契机。

在这以前，费希特在建构他的"知识学"的时候，书呆子兮兮地想的只是如何继承、批判和超过康德；他觉得，用"自我"一元论代替老师的二元论，就可以把康德的矛盾理顺，用不着总在各种"二律背反"中犹豫徘徊。然而他只是在"自我""非我"之类的概念中闭门造车，以致康德批评他"只是把概念叙述得很符合逻辑",他的认识是没有客体的认识。费希特却认为老师的"不彻底",恰恰在于总要给客体保留下一点位置。好了,现在拿破仑这个实打实的"客体"找上门来了。费希特用"自我""非我"之类解释这一强有力的现实,真真地难为了他。费希特的演讲虽然仍保持着"钻牛角"的思维方式和佶屈聱牙的文风,但无论如何是从天上降到了地上;在"知识学"等著作中翻来覆去的逻辑游戏,深奥而欠通达,如今脑子里站着一个拿破仑(虽然演讲里没有提到他一个字),"自我"哲学的内涵却显得丰满而醒豁多了。

具体些说,在此时,费希特的思想里增加了对民族命运的现实关注。于是他反复讲德意志民族的本原,它的心性,它的"活的语言",它的宗教,它的哲学,等等。总之,讲"德意志人之所以为德意志人"的一切。他说,他所谓的"爱国主义",爱的就是这些根本性的东西,即保证子孙后代永远是"德意志人"的东西。这不能听其自然,而必须有一个适用于全体德意志人的教育,把每一个德国人"培育"成从"内心深处"毫不动摇地自认为德意志的一分子。他强调,这对于保全民族的延续性是一种严格的"必要",也是通向人类的理性的、道德的"自由王国"的必经之路。所谓"培育",或"民族的教育",首先是人的"心性"的教育,把人从骨子里"培育"成德国人最应该的样子。费希特讲到最后一讲时,真有些"事急矣"的架势,他几乎倾其全力向德意志各邦的各种阶层,向王公大臣、文人学士、商贾农夫,大声疾呼:"切莫相信在古老的文明消逝之后,能在半野蛮的民族内部,在废墟上再现新的文明!""如果你们沉沦了,那就意味着人类将和你们一起沉沦,而丝毫没有未来复兴的希望。"费希特认为他的民族是产生哲学、产生思想和精神的民族,是继承欧洲古老文明传统、最善于吸收其他民族特长的民族,如果这样的民族"沉沦"了,人类文明也就无望了。至此,费希特的"世界主义"理想几乎淹没在民族复兴的渴望里了。

在费希特的系列演讲中,经常可见一些相互有关联的字汇。一个是 nation,通译为"民族",不是自然状态的"民族",是可能发展为"民族国家"的"民族",所以近来有译为"国族"或"政族"的,以区别于纯出于人种的"民族"。再一个字汇是"祖国",表示的是具有共同历史根源和文化根源的"民族"世代聚生和聚居的乡土。"祖国"在法文是"Patrie","爱国主义"——Patriotisme——应是"爱(祖)国主义"。再一个字汇是"国家"(State),费希特把这个字同前面两个字在含义上分得十分清楚。他认为,所谓"国家"本当具有结构性和法权性的价值;对于当时的德意志人来说,"国家"指的是那些大大小小的王国、诸侯国,等等。所以,在费希特那里,"祖国"高于"国家",他的"爱国主义"的"国"不是普鲁士封建军事专制的"国",更不是任何一个德意志邦。所以虽然他的国家学说赋予"民族国家"以最大的权力,是民族领土的唯一占有者,但在作这些演讲时,这样的"国家"在德意志民族处于分裂状态时还远不是事实,因此他此时的"爱国主义"是"民族主义"(他没有用"民族主义"一词),而不是"国家主义"。

费希特有几句话,我以为很能概括他的思想:"合于理性的国家不是使用任何现成的质料,再经过人为的处置就可以建立起来的;它必须从培育和教化民族开始,才能达到建立此类国家的目的。民族,只有首先以切实手段解决了教育完人的问题,才能接下去解决完善国家的问题。"这里包含着两个层次,即:先要把自然的民族建成"国族"或"政族",然后再变成"合于理性的国家",最后才能经过教化国家去教化全人类。费希特说,这是一种把教育和哲学"相参"的使命;他属意于德意志民族去完成这次使命,从德意志及于其余日耳曼族,以及其他。

费希特的民族问题理论,后来引出了不少批评和非难。20世纪以来在西欧理论界常有反应。如在第一次世界大战期间,法国学者夏里·昂德勒(Charles Ander),持辞之厉,很有代表性。他于1917年在《哲学的泛日耳曼主义》一文中说,费的演讲犹如一本德国钦定的宗教教理,让人相信德意志灵魂的绝对优越性,具有对人类负有上天赋予的历史职责,因此大可为助长"泛日耳曼主义的、帝国主义的、好战的民族主义"所用。在第二次世界大战期间,更有把费希特的理论指为纳粹主义的民族主义情绪的前兆理论的。比较公平的看法是,费希特在19世纪初所表现的激烈民族情绪,乃是源于人民反抗外国占领的斗争;当时的费氏内心正处于"世界主义"理想与"民族意识"情结的冲突之中。仔细阅读费希特的这本演讲集,并且联系他的其他数量和重要性都远超过这些演讲的哲学著作,就可以发觉,他在突然降临的事变面前,还来不及冷静地清理他的内心矛盾。

我个人认为，费希特的矛盾在那种特殊情况下没有什么奇怪的。"民族"这种东西确实极微妙而又极敏感，休说十八九世纪在欧洲正是民族主义鼎盛时期，即使在世界已经走上了"全球化"的今天，民族感情也没有因此而稍减。

我拿到的《致德意志民族演讲录》是1992年出的法译本，从译者Alain Renaut的序言来看，印这本书的动机似乎既有学术、理论的，如民族的形成和发展；也有政治的，如联系时局。从80年代中叶以来，西欧史学界一直时断时续地讨论欧洲统一进程对民族自性（identity）的冲击问题。法国在1987年由政府倡议，组成了一个有学界和政界参加的"民族委员会"，于次年向政府总理提交了一份"法兰西人的今天和明天"的研究报告，从历史、语言、文化等几方面提出看法。德国史学家们讨论了使德意志民族既保持传统，又与其他文化相融的"正常民族"的问题。当时曾引起广泛议论的，是巴伐利亚州右翼政治家弗朗茨-约瑟夫·施特劳斯在1987年1月的一次讲话，其中有这样几句话："该是我们走出第三帝国废墟和希特勒主义臭气的时候了，以便重新成为一个正常的民族……德国人民，如果没有自属的、借以重获过去和探寻未来的民族自性，那将不能完成它在世界上的任务。"这番话讲以后立即在欧洲，特别在法国，引起了一阵非常强烈的反应。（顺便说一句，这比我们的东邻包括参拜"靖国神社"等从未间断的不认账，乃至怀旧的非常露骨的、有时几乎是"示威"性的言行，真可谓小巫见大巫了。）"冷战"结束后，欧洲民族情绪普遍上浮，尤其是德国从分裂到统一，一度又引出了"是欧洲的德国,还是德国的欧洲"的老问题,民族问题于是又继续成为史学界的热门话题。译者序认为,对这些问题的讨论,归根到底是关于在"多元文化社会"中的有关"民族观念"的广泛讨论。这在世界已经连成一片的时候,似乎是任何一个民族都不能回避的问题。费希特遇到的是"世界主义"理想和"民族意识"情结之间的矛盾。我们今天则是现代性、全球化和民族特性的交错和矛盾问题。费希特的矛盾在哲学和现实之间;而当今世界,现代性、全球化、民族特性则都是活生生的,现世的。总之,只要世界上还存在着民族和民族差异,费希特式的矛盾就会以不同形式不断再现。

1996 年 8 月

*

辑四

*

我看康德

跟康德对话真不容易——尤其是通过翻译。

然而，跟康德对话是绝对有兴味的事。

他抽象而又具体，"纯粹"而又"实际"，他信神而又不甘只做神的工具，他承认人生的苦难而又超越苦难——因为他根据理性的普遍和至高无上的准则确信：对抗产生统一，"非社会性"必然导向"社会性"，野蛮终于引出文明——这是一个哲学的命题，人类学的命题，历史学的命题。这难道还"抽象"吗？

他晚年向人们宣告：

> 大自然要使人类完完全全由其自己本身就能创造出来超乎其动物生存的、机械安排之上的一切东西，而且除了其自己本身不假手于本能，并仅凭自己的理性所获得的幸福或美满而外，就不再分享任何其他的幸福或美满。

康德对人类的前途是满怀信心的，他认为，人类自身完全有能力凭借其全部"自然禀赋"（理性）从"最低的野蛮状态努力上升到最高的成熟状态以及思想方式的内在完满性，并且从而上升到（大地之上尽可能的）幸福状态"。这是对人类创造力的赞歌。康德不相信"本能"，不相信"天生"的东西，而是要依靠人类固有的理性本身来创造未来。他坚信：

> 把普遍的世界历史按照一场以人类物种的完美的公民结合状态为其宗旨的大自然计划来加以处理的这一哲学尝试，必须看作可能的，并且甚至还是这一大自然的目标所需要的。

只念念不忘昨天，胸襟难免褊狭——以为昨天一切美好的，则不知今之何世；把昨天的苦难当成包袱的，则一心想从今天得到报偿。

只看到眼前利益，则斤斤计较于一时的得失，终日戚戚于怀，总是愤懑不平。

唯超越时空、远眺未来的人，才能思接千载，视通万里。

他从经验——感性开始，到达知性；又从知性到达纯粹理性。

然后他发现了纯粹理性的实践力量；确信人的行为能够执行指引人类社会的"道德律令"，走向人类社会学的合目的性高峰——康德称之为"普遍法治的公民社会"。

这是一个从人类社会学转向政治哲学或历史哲学的命题。康德说这是大自然给予人类的"最高任务"，把"外界法律之下的自由"（义务）和"不可抗拒的权力"结合起来。

康德是一个乐观主义者，或理想主义者。"我欲仁，斯仁至矣"。他不回避人间的苦难；但是他不像叔本华那样只是哀叹而无以自拔，他相信人的智慧能掌握理性：

> 大自然使人类的全部禀赋得以发展所采用的手段，就是人类在社会中的对抗性，但仅以这种对抗性终将成为人类合法秩序的原因为限。

康德同时又是现实主义者，因此他承认人类在社会中的对抗性；只不过对抗性（分裂、对立、斗争、战争等等）应被理解为通向非对抗性的必由之路。以为康德学说中有现实主义内容者，吾尚未见之。此特指其对人类历史的观点而言。从康德到马克思，在哲学上是可以相通的。

但他的这些许"现实主义"与他在整体上的"理想主义"总要发生冲突。这也表现在对"人"的看法上。康德意念里的人——同是一个"人"字——时时具有两种悖论式的含义，他时常混起来使用。一种含义是指总体的、作为概念的、"物种"的人，相当于"人类"。这种"人"是抽象的、理性的。作为人类的"人"是理性存在者。当说人是"客观目的"时，他是指的"人类"。再一种含义是指一个个具体的"人"，活生生的"人"。这样单个的个人是现实存在的，这一个个人并不都是符合理性的，他们与作为人类的"人"的理性目的，不可能是一致的，甚至会是相左的。康德所说的"人"，有时指的是人类，有时指的是具体的人。康德希望每个具体的人都能成为理性存在者，这就需要有一座桥，让具体的人通过这座桥达到理性。这座桥就是为了实行"道德律令"的"意志自律"——通过"自律"与"他律"相符。

康德的乐观主义与莱布尼茨的"乐观主义"很不相同。康德的乐观主义来源于对人类社会发展的规律的认识,他常用的"大自然""上帝""天意"等等概念并不占很多的实际地位;而实际上,竟是实践理性的"道德律令"取得了神的位置——在康德那里,作为"绝对命令"的"道德律令"是"至善",因而是"至尊"的。而莱布尼茨的乐观主义则完全和直接来自神赐,因而认为今天的世界乃是上帝所赐予的、最好的世界。康德的乐观主义是向前看的,莱布尼茨的乐观主义是对现状的满足,因而是向后看的。

人们在谈到康德的哲学贡献时,总是说他的"三大批判"如何如何。这不错。然而,我却觉得康德晚年的"第四批判"——理性批判的世界史观——更有意义。康德从人类学开始,经过哲学的漫长改造,进入了更高层次的人类社会学,使抽象思维结出硕大的果实——在他那个时期勾画出人类文明史的必然轨迹。

诚然,康德的"第四批判"同样充满了"二律背反"式的矛盾。哲学本来就该是揭示矛盾并且到最后又是在哲学范围内寻求矛盾之解决的。追求幸福与服从"道德律令"是一对矛盾:因为幸福是个人的欲望,道德则是来自纯粹理性的"命令"。前者对于人是现实的感受,后者却不是人在现实中能直接感受的。前者是现实主义的,后者是理想主义的。一个人为了使自己符合"道德律令"的要求,往往不得不牺牲一部分,甚至全部"幸福",以求达到"至善"。相当于"灭人欲"以"存天理"。

政治与道德也是一对矛盾：前者是需要的，因为解决现实存在的问题需要它；后者更是需要的，因为人类社会从低级到高级的发展、从人类的"非社会性"到"社会性"——"普遍立法的公民社会"的发展，是"道德律"的最终体现。前者是现实主义的，后者是理想主义的。康德的表述如下：

> ……在客观上（在理论上），道德与政治之间根本就没有任何争论。反之，在主观上（在人类自私的倾向上，但它决不能称为实践，因为它并不建立在理性准则的基础上），则它却可能并且还会始终存在着，因为它充当了砥砺道德的磨石。而道德的真正勇气……在当前的情况下倒不在于以坚定的决心去面迎为此所必须承受的灾祸和牺牲，反而在于要看清楚我们自身之中远为危险的、狡诈的、欺骗而又诡辩的、炫弄人性的弱点在为一切违法侵犯权利的罪行进行辩护的那种恶的原则，并且战胜它那阴谋。

在这些晦涩、拗口的文字下面，其实是人人能懂的很平直的道理。它无非是说，道德与政治从根本上应是一致的，重要的在于人在从事政治时必须认清自己身上违反道德理性的弱点，从而克服之，以维护"道德"的真理性。所以康德认为，真正的政治应该先向道德"宣誓效忠"。他说："尽管政治本身是一种艰难的艺术，然而它与道德的结合却根本不是什么艺术，因为只要双方互相冲突的时候，道德就会剪开政治所解不开的死结。"

康德的伦理学——道德高于政治和政治终于应当服从道德——用到历史观念上,则是指出了人类历史的发展终归要走向普遍的"法治社会",在那样的社会里——无疑,康德认为那是人类的最高理想的社会;而由于它是先验理性的实践,因此它是可能实现的——任何人都将放弃一些"自己"的自由去换取"整体"的自由。那时的法将作为先验理性的实践而出现,因而是高于一切的"道德律令"。

当康德陷于对理性的沉思时,他好像很抽象,他的目的是要找出一条符合科学的、有普遍意义的认识世界的方法。他无法摆脱经验在知性发展中的作用,同时更无法颠覆掉先验理性在他头脑中的支配地位,因为那是他的一切理论的源泉。可是除此之外,康德的思维运动便一马平川,非常之顺畅。而当他把纯粹理性应用于人类实践时,他却是非常现实的。他站得很高,看得很远——他的视界囊括了人类从低级阶段到高级阶段、从作为自然生物的人到在法的指导下获得自由与道德的高级社会"动物"的漫长过程。

这漫长的过程,在康德的眼睛里是一个充满了"恶"的世界——人的"动物性""非社会性"所引起的那些罪恶灾祸发展到了极致。不过,康德站在人类历史发展的高度去看待这一切"恶",把人间的对抗、厮杀、战争等等看作达到"善"、达到"永久和平"、达到普遍法治的公民社会的不可逾越的历史阶段。

在这里,康德提出了两个辩证问题:

一是人的"非社会性"一方面使个人、每个国家(或共同体)在同其他人、国家(共同体)的关系中处于不受外在法律约束的"自由状态",因而不可避免地发生冲突,另一方面又会随着社会的进步在理性原则的引导下通向"有序的共同体"状态。

二是人类从野蛮人状态到法治的联合体状态,必定经过战乱、灾难、痛苦……而这些战乱却又无意识地成为把人类社会引向国家与国家的新关系的反复尝试。因此在这期间,每每会发生反退现象,即"以野蛮的破坏再度消灭这种文明状态的本身以及全部迄今为止的文明的进步"。可见,康德的人类进化论,从恶到善、从低级到高级,并不是一条直线,社会才向前走了几步,人的"非社会性"(野蛮)又把它拉回原处,甚至比原来更糟的地步。

这就是说,人具有"非社会性"的"动物本能",这种本能必定驱使人们滥用自由,不断地干扰别人的安宁与幸福;然而,正是这些纷争会迫使人们不断去寻求和建立某种试图避免冲突的法规,直到建立起有秩序的法治的人类公民社会。康德把这看作一个"哲学方案";他认为人的异于动物的能动性(理性)、人创造文化的能力,是"一个被创造物的全部自然禀赋"所决定的,"这些自然禀赋的宗旨就在于使用人的理性,它们将在人——作为大地之上唯一有理性的被创造物——的身上充分发展出来,但却只能是在物种身上而不是在每个人的身上"。

所以,康德本着他对理性的坚定信念,确信人类的前途——尽管它非常之遥远——并非虚幻。"在经过许多次改造性的革命之后,大自然以之为最高目标的东西——那就是作为一个基地而使人类物种的全部原始禀赋都将在它那里得到发展的一种普遍的世界公民状态——有朝一日终将会成为现实。"

康德是重视事物内部的固有规律的——他从物种进化的观点出发,从历史哲学的视野看到人类是怎样"合目的性地",但却是十分艰难而曲折地走向自己的"令人欣慰的未来的远景的"。

但是,康德终于还是自己把自己捆住了,因为他实在无法说明白他所一再提出的哲学术语,如先验理性、道德律令等等究竟指的是什么。而如果不求助于"天启",那么所谓"大自然的隐秘计划"到底是从哪里来的?康德既不信神,又割弃不了神,他给自己的"先验论"留下了不可知的空白。康德哲学的"底"就最终坐在"先验"上,至于是什么启动了先验,就只能存而不论了。

康德一生没有停止过思索,他的一生就是哲学。康德在一封信里说,他从不说没有思索过的话,当然也从来不追求虚伪的荣誉,只是执着地、静静地想着,想着。

康德的一生,除了哲学,别无他物;除了思索,没有别的活动。

1993 年 12 月 8 日

闲话康德

2004年2月12日是康德逝世二百周年，有些报刊登了几篇文章。我很喜欢读康德的书，虽然只是一知半解；不过正因为一知半解，所以一直兴趣不衰。"闲话康德！"康德岂是能"闲话"的吗？

康德《实践理性批判》"结论"的第一句话是做文章的人不时引用的："有两样东西，我们愈经常愈持久地加以思索，它们就愈使心灵充满始终新鲜不断增长的景仰和敬畏：在我之上的星空和居我心中的道德法则。"（依韩水法先生译文）不久前，读到余光中先生在《文汇报·笔会》上发表的《举杯向天笑——论中国诗之"自作多情"》中引了这句话，用的是文言韵文："有二事焉，常在此心，敬而畏之，与日俱新：上则为星辰，内则为德法。"妙极了！不知是余先生自译，抑或别有所本。赞叹之余，立即找出中、英、法三种译文，对照着重读了一遍这篇不长的"结论"。这句话的韩、余二种译文都准确无误，形神兼备。可惜，我在20世纪50年代在维也纳白待了四年之久，没有把德文学好，无法与德文对照。

康老先生实在是哲之圣者。这篇《实践理性批判》的"结论"不仅浓缩了整本书，而且这第一句："上为星辰，内为德法",又是浓缩中的浓缩。读这句话,立即会产生一种既寥廓又深沉的感觉;而且又是何等富有诗意。康德的"道德观"像纯净水那样纯粹。它是发自"自我"的,不假任何外饰。在英文是"within me",在法文是"en moi",在德文是"in mir",韩译为"居我心中",余译拣一"内"字。深长玩味,愈觉"内"字用功之精微。

既然发自"自我",自然必须排除一切"外在因素"对自我的影响。"各式各样"的社会礼貌和仪表方面甚至到了"过分的地步",那也不能说已经"道德化"了;那说不定是做给人看的,不一定能反映本人的真实的内心状态。按康德的看法,这属于"文明"的范畴,而他的"道德观",乃是出自"内在"的,精神深处的,是"属于文化的"。打个不大恰当的比喻:孟子说的"人皆有不忍人之心"应该就是"内在"的。看到一个小孩子掉在井里了,马上就产生了"怵惕恻隐之心",那不是因为和小孩子的父母有交情,也不是想"要誉于乡党朋友",更不是"恶于"孩子落井的声音……

康德最使我醒豁的,是他对"启蒙"的看法。他说,使"人类脱离自己所加之于自己的不成熟状态"就叫作"启蒙"。又说:"必须永远有公开运用自己理性的自由,并且唯有它才能带来人类的启蒙。"他特意在"公开"二字下面加了着重号。这里有个译者(何兆武先生)注:"此处'公开运用自己理性的自由'即指言论自由;康德在这个问题上曾和当时普鲁士官方的检查制度发生冲突……"康德说,在普鲁士,"从四面八方都发出这样的喊叫:不许争辩!军官说:

不许争辩，只许操练！税吏说：不许争辩，只许纳税。神甫说：不许争辩，只许信仰。（举世只有一位君主说：可以争辩，随便争多少，随便争什么，但是要听话！）到处都有对自由的限制"。这个君主指的是18世纪普鲁士的腓特烈大帝。前几年，某些号称"新左派"的学者拾了外国的后现代"牙慧"，说"启蒙"是"前现代"的东西，现在已不需要了！也许他们已经"成熟"了，不过，看来仍有必要读读康德这篇短文——《答复这个问题："什么是启蒙运动？"》。

通常人们都说康德的生活特别单调古板，说他的画像没有一张是带笑容的，他一辈子足不出乡里，一生未娶等等，这是事实。有的传记作者挖空心思想找出一些他与异性的过从之类的"秘闻"，如在一位寡居的伯爵夫人家当"家教"，两人都有"暗恋"的嫌疑，后来伯爵夫人嫁了人，康德这段形而上的浪漫史也就结束了。故事很简单，只是不知传记作者是怎样知道的。康德写的关于"美学"的文字里，有相当篇幅谈到他对爱情、情爱的观点，行文颇有些学究气；要想从这里找到一丝"绯闻"是很难的。还有常作为谈资的，就是他守时达到惊人的准确程度，每天下午4点钟整（一说3点钟）离开书房到户外散步，以至邻居都以此来核对自家的时钟。有一天，康德没有出来散步，原来是法国发生了"大革命"，他因惊愕而打乱了生活规律。估计此系"戏说"，为了给老夫子的生活添点儿色彩，不足为据。

康德的生活方式确实平淡，但是蕴藏在心灵内的精神世界却是丰富而又活跃的，否则他怎么能够从星云学说、时空论跳进对人的大脑的认识能力和认识限度做出那样逻辑严谨、思维缜密的剖析呢？康德的口才是有文字可考的，例如他的学生，后来成为论敌的赫德尔曾经绘声绘色地描述过他的老师在课堂上的神采："在他风华正茂的岁月里，他具有一种青年人的激情，随时都要谈笑风生，语出惊人；他把教学当作一种享受。"赫德尔听了他三年的哲学课，从来没有觉得他有一丝傲气。

康德的书确实难懂，我怕这辈子也读不通了；犹如云遮雾罩中的千嶂万壑，就这样去欣赏，倒也引人入胜，别有美感。我笨人用笨办法，叫作"顺藤摸瓜"法，顺着他的思路，把那根"藤"的密如蛛网、缠绕在一起的枝枝蔓蔓先放在一旁，等把结出来的"瓜"摸出来之后再把那些枝蔓一条一条地连上去。这也是郑板桥"先立其大"的画竹法。如果每见到一个枝蔓便马上顺着去摸，结果必定把"瓜"摸丢了。这是我的"土办法"，只适用于我这样的人。哲学家熟门熟路，是用不着这样的。

再有一点非常重要，就是读康德的书的时候，心情不妨放轻快些，舒张些；遇到实在走不通的地方，可以先跳过去，老先生习惯于绕着圈儿走路，绕着绕着会回到原处的。著名的大段大段的"二律背反"就是这样的，"同义反复"的地方不少。

中国最早知道康德的是谁？有人说是梁启超。我想王国维也可以算一个。他在30岁以前几次读康德，几次啃不下去，不过他还是写了一篇《汗（康）德之知识论》，分十段概述了《纯粹理性批判》的主要内容。他迷了一阵康德、叔本华，终于没有继续下去，转攻中国古典了。他说，哲学这玩意儿，可爱者不可信，可信者不可爱。还有罗章龙在北京大学读书时即同他的同学商章孙合译了卡尔·福尔伦德的《康德传》。那时北大学生组织了一个"亢慕义斋"（谐"共产主义"的音）小组，研究和译介当时西洋的新学说。罗、商都是"亢慕义斋"的德文小组成员。

2004 年 10 月 3 日

康德二三事

一

哲学家大体都有点迂,一方面很习于思辨,另一方面又认死理儿。也许大智慧就在这里面。

康德晚年写了一本论理性与宗教的关系的文集——《纯粹理性范围的宗教》。康德是个虔诚的基督徒,他觉得宗教信仰无可怀疑,道德信仰(理性)也无可怀疑;既然如此,用理性哲学去研究宗教信仰问题,就可以从学理上确证宗教信仰的绝对性。康德把道德和宗教分成了两橛,老先生的"二元论"到处可见,没治了。他没有想到,宗教信仰岂是需要"学术研究"来确证的?文集的第一篇《论人的劣根性》送交柏林书报检查机构,算是通过了,也发表了。但第二篇《试论在人心里的善恶斗争》则由于违反了《圣经》的教导没能过关。普鲁士宗教大臣沃尔纳特意警告康德:您老先生就搞您的"理性哲学"好了,别再对宗教教义说三道四了。国王弗里德利希·威廉二世还为此下了御旨。

康德表示服从,但是想不通,在"谦卑的顺从"之余还要作出"认真的辩解"。他为此上疏国王,说,我康德在大学里做讲演,向来严格遵守钦定的"阿·哥·鲍姆嘉登的教科书进行的",根本不涉及基督教主题;至于写那本书,"只是作为神学专业和哲学专业的学者们之间的一种商榷,是为了确定,宗教怎样才能纯洁而又有力地注入人们的心灵"。因为,"官方的宗教教义也并不是政府一下子设想出来的,而是只有通过学术研究才获得的"。康德说,我已经71岁了,在这个年龄难免不时想到很可能要到"那洞察人心的世界裁判者面前"去为自己辩解了。"因此,当我现在认真地向最高当局呈交这份辩解时,我心中没有不实之感,这是我的坦率的、永不改变的声明。"

康德在钻牛角尖:为什么宗教教义就不能讨论呢?他在致友人信中说,我的主题是广义的形而上学学科,不光只有神学,但是,书报检查机构对我这个学科也加强了控制,因此,谁也不能保证其中哪一个作品会被检查机构"突然一笔勾销"。当时康德还在写另一篇文章《院系间的争论》,这篇文章主张一方面把一切属于宗教的事务都交给"神学系";另一方面同时建立哲学系,作为神学系的反对派。康德一辈子陷于"二元论"里,他觉得这是"学者阶层的权利",让神学管神学的事,哲学管哲学的事,有何不可?不过,"现在我们这里权势颇大的书报检查机关会作出不同的解释,横加诬蔑"。康德只好先不把这篇文章拿出去。

二

欧洲启蒙哲学有一个于不疑处生疑的传统,笛卡尔的

"我思故我在"是尽人皆知的,其实这句话前面还有一句话:"我疑故我思。"不过那个时候,基督教教义、上帝的存在,是不能讨论的,何况生疑!康德所做的还远谈不上"疑",只是要讨论讨论,但是,讨论本身就意味着对神学的挑战了,所以不许。康德的书被禁的前两年,费希特也差一点遇上同类问题。

那时费希特只有三十岁出头,对康德心仪已久,去拜谒时,带了一篇花了几个月时间赶出来的论文《试评一切天启》,思想内容全是发挥康德的《实践理性批判》的精神,甚至连文风术语都相似。康德见了,很是高兴。事后,费希特发现有个问题吃不准,就是"按照纯粹理性,对一种给予的启示的信仰,不能建立在奇迹信仰之上"。这是康德的思想,费希特担心书报检查机关可能会找麻烦,于是请教康德。康德给费希特回了一封信,说你这个提法是站得住的,但是肯定是通过不了的。因为按照书报检查当时所遵循的原则,"某些章节被逐字逐句地收纳进教义之中,而这些章节是人的知性很难理解的,更不用说能够被理性领会为真了。在这里,任何时候它们都需要奇迹来支持,永远不可能单纯成为理性的信条"。康德给费希特出的主意是兼顾"超越一切怀疑的信仰"和"单纯道德上的信仰",同时又要写出两者的区别,只是在写法上注意解释得使检查官能接受。不过这仍难免有损于宗教的绝对权威,所以这条"中间道路"也很难使检查官满意。

不久,费希特的《试评一切天启》还是发表了,不知为什么费希特未署名。文章一出,立即引起学界轰动,大家猜测，从文义和文风看，一定出自康德手笔，且书评备至称颂。很快，康德便在耶拿《文汇报》上发表声明，说那篇文章不是他写的，作者是"神学候补生"费希特。

三

费希特青年成名，无疑得益于康德的不少提携。不过，吾爱吾师，吾尤爱真理。渐渐地费希特觉得康德的理论大可修正，认为康德的批判哲学太零碎，形不成"体系"，认为康德还留恋着"经验""自在物"之类，唯心得不够彻底。于是构建起一套主观唯心主义一元论的"知识学"来，大有用这套"一切知识的知识"来取代"批判哲学"之势。这下可惹恼了康德，没想到这个后生如此不知天高地厚，学术之争自然引发了师生反目。老康德发表了《关于与费希特"知识学"关系的声明》，很严厉地说费希特那一套只是纯粹的逻辑，而不涉及认识的对象，是完全站不住脚的体系，是徒劳无功地钻牛角尖，对康德哲学的批评，是无理取闹。康德绝对不允许费希特这样的后生小子胆敢向批判哲学的权威挑战："批判哲学……没有必要进行任何观点的更改、修订，或者体系形式的改变。批判哲学的体系是建立在完全可靠的基础之上的、是永远固定了的、在未来的一切年代里都是人类最高目的所不可缺少的。"

这时的费希特翅膀已经硬了，在一封通信里，他说康德没有把唯心主义坚持到底，所以康德的主义也未底于成；他嘲笑老师是个"头脑不完备"的人，还调侃说："没有结婚的人只算得半个人!"这几乎近于戏谑了。

当时还有一位也是学生辈的赫德尔在批评康德的《纯粹理性批判》,但康德已经很衰老,不能正常工作了。不过赫德尔也好,费希特也好,在康德面前都不过是沧海之一粟,后世知道康德的人,要比知道赫、费的人多得多。

1996 年 7 月 19 日

康德能否通俗些？

康德常受到读者的指责，说为什么不能写得通俗些呢？康德1783年8月7日在给克里斯蒂安·伽尔韦的信里这样说：

> 您提到，缺乏通俗性是人们对我的著作所提出的一个公正的指责，因为事实上任何哲学著作都必须是能够通俗化的，否则，就很可能是在貌似深奥的烟幕下，掩盖着连篇废话。不过，达到如此高度的研究是不能以通俗化作为开端的，如果我能够使人们带着某种适合在学校里运用的概念，同我一起用那些未开化的表达方式走上一段路，那么，我自己早就制定出有关整体的一个通俗且又透彻的概念了。在这种情况下，其他人也将会幸运一些。实际上，我已经有过这样的计划。

对于这段话，康德还做了如下的补充说明：

> 我的读者们总是责备我，说我的著作语言新奇，晦涩难懂，从而造成了麻烦，但过错不能全归我一个人。我想提出以下的建议：知性的纯粹概念或者范畴的演

绎，也就是从整体上先天地占有事物的概念的可能性，应当被看作最必要的。因为没有这种演绎，纯粹的先天认识就根本没有可靠性。当前我很愿意有人尝试把它弄得更简便些、更通俗些。届时他会感到困难的，这就是思辨在这一领域总是碰到的所有困难中最大的困难。我完全可以保证，除了我已经指出的那个泉源，他永远不能从另外的泉源把它们推导出来。

看这两段话，觉得批评康德的意见和康德的解释各自都有道理。时下的一些哲学论文，也是晦涩难懂的居多。问过一位哲学家，他说，有些哲学概念、专门词语，是没有办法说清楚的。我没有再说，其实我想说的是，不是那些专有名词的问题，而是造句达意的问题，那些句子绕来绕去，把人给绕糊涂了。所以如果死抠那些长长的文句，大句子套小句子，结果难免"以辞害义"，那文句中包含着的意思，反倒被漏掉了。中国人有中国人的习惯，我算是学洋文出身的，但至今还是难以接受按洋文习惯写出的中文，倒不及看原来的洋文比较"顺理成章"。

所以，看康德不能像读语文课本那样，而是要去悟，一旦有所悟也就有所通。我读康德，不是职业所系，属于"业余爱好"，在"接受"上把他"通俗化"了。这就要靠"悟"。我的"悟"，有两条，一是借用张岱念经书的办法。张岱说："朗诵白文十余过，其意忽然有省。间有不能解者，无意无义，贮之胸中。或一年，或二年，或读他书，或听人议论，或见山川云物鸟兽鱼虫，触目惊心，忽于此书有悟，取而出之,名曰《四书遇》。盖'遇'之云者,谓不于其家,不于其寓,直于途次之中邂逅遇之也。"

其二是靠"旁通","旁"者何?对于我来说,常见的"旁"是我那半瓶醋的"中国哲学"。哲学是智慧之学,学分中西,智慧总是相通的。牟宗三先生说中西两种哲学代表中西两种"慧解",既是"慧解",则于此通者,于彼也该通才是。而且,每于"途次之中邂逅",常常觉得康德哲学与中国哲学,似乎在用不同的语言说着相同的事情。

譬如,中国哲学,说来说去,总是有个至高至上的概念俯视着一切,叫作"天人合一"也罢,"天地境界"也罢,"无极而太极"也罢,总之是一个相当于西方的"神"的概念;一切的一切都通到那里去。

下面统率着人生的两大问题,一是道德问题,宋儒叫作"尊德性",左右是教人应当怎样做才合乎那个社会的伦理规范、圣人的谆谆教导。再是知识问题,宋儒叫作"道问学",举凡生命之属所包括的知识都包含在里面,宇宙之大,一物之微都在这类"是什么"的问题里。实则,"尊德性而道问学"是《中庸》里的一句话,加以演绎、发挥,就成了人生的两大问题。诚然有的比较重"尊德性",如陆九渊;有的比较重"道问学",如朱熹。但是终其极还是道德要压倒知识,天下万物总归要"体仁","是什么"是为了"应当怎样做"。"应当怎样做"可能与"是什么"发生矛盾,那也得服从"应当怎样做"。

我也许把问题简单化了,不过想来想去脱不开这个圈子。用"内圣外王之道"来概括,也还是可以在这个框架里解析。

而康德哲学也总是有这个影子。使我坚定了自己的简单化的理解的，是看到了两段话。一见于熊十力先生：

> 西洋哲学家有重知识者；亦有反知而尚直觉者。其致力处虽与陆王不可比附，要之，哲学家之路向常不一致。而尚直觉者，虽未能反诸德性上之内照，要其稍有向里的意思，则与陆子若相近也。重知识者，比吾前儒道问学之方法更精密。然朱子在其即物穷理之一种意义上，亦若与西哲遥契。人类思想大致不甚相远，所贵察其异，而能会其通也。

"察其异而会其通"，可以尽览中西之异同。故现实地看、贴近地看，每见"文明的冲突"，政治家多是这样的；放远来看、超脱地看，则文明的融通是必然的，哲学家的眼光应如是。

再是牟宗三先生说的。他索性说："中西融通之桥梁乃在康德。"这一下就点破了我，有一种豁然开朗的感觉。牟先生说，可以用康德的批判哲学的"建构"把中国哲学"撑起来"。康德的"建构"见于《纯粹理性批判》里的"纯粹理性的建构"，有一段话把整个"建构"总结起来了：

> 人类理性的立法，或者说哲学，有两类对象，即自然和自由；于是，它不仅包含有自然的法则，而且也含有道德的法则，首先表现在两个分立的系统中，到最

> 后则汇合在一个浑一的哲学体认系统之中。自然的哲学关涉的是"是什么"的问题，而道德的哲学则关涉的是"应是什么"的问题。（据英译本第 536 页译）

于是，康德的哲学建构就这样搭建起来了。

最上层"建构"的顶层，"人类理性的立法"，即纯粹理性的实践，人类达到"最高善"的境界，牟先生讲"圆善论"的"圆满的善"，在《大学》一开篇就提出"止于至善"，修齐治平的目的地就是"至善"。到这种境界，政治与道德的矛盾、幸福与道德的矛盾，都化解在"道德律令"之下，成为统一的东西。在这样的"建构"里，在中西哲学之间"会其通"是并不犯难的。但是由于中西哲学的不同特点，康德力图把知性通向理性的运动讲述得非常严谨，非常科学，所以这样的哲学"建构"只能由他提出。中国哲学无论如何圆融深沉，但并不做"建构式"的系统研究，孔孟老庄程朱陆王都是长短不一的语录或断想，把它们串起来而成为"哲学"的历史，也还是近当代哲学史家们的事。所以中国哲学的"系统化"是后人连缀起来的。所以不能用中国哲学去"撑"西方哲学；而只能用西方哲学去"撑"中国哲学。在西方哲学中又尤以康德堪胜此任。

上面说的好比一座大建筑物的屋顶，下面有两根顶梁柱，一根叫"道德"，一根叫"自然"。"道德"讲的是"应当是什么"，"自然"讲的是"是什么"。这两者本该是一致的；在康德的批判哲学里也是一致的。但是，"道德"没有固定不变的标准，具体地说有些道德标准是受政治的制约的。由于政治的需要、利害关系的需要，此时此地此人认为是"道德"的，在彼时彼地彼人可能认为是"不道德"的。在谈论是否"道德"的时候，竟可以置事实（是什么？）于不顾。"道德"与"自然"脱了节。在中国，往往如此。脱离"自然"的"道德"是压倒一切的；结果这"应当是什么"便往往与"是什么"相悖。这样的"道德"是行为规范，而不是康德所谓的"道德的形而上学"。康德哲学中的"道德"，在哲学上被看作"纯粹理性的实践"，或者是"应用哲学"（"应用哲学"的概念莱布尼茨和伏尔泰都用过），"纯粹理性"讲的是"是什么"，所以，真正实践了"是什么"才叫作"道德"；说"实践的纯粹理性"高于"纯粹理性"，是在这个意义上说的。要达到"纯粹理性"，须得经过"知性"这一关，穿透了知性，才通到了理性；理性是不能与知性相悖的。"纯粹理性的实践"才叫作"道德"。康德不承认纯粹理性与实践理性的分离。

所以从哲学"建构"上讲，中西哲学是可以"会其通"的。接下来便该是"察其异"了。那是个一下子说不清也说不尽的大问题。这篇笔记就刹住在这里。

1996 年 3 月 15 日

康德与自由

康德在理念上是绝对地崇尚自由的。自由是人的意志的属性，所以自由是普世的最高道德准则，也是"立法准则"，到了这种境界，人才能获得有别于个人幸福的至上幸福。康德认为，自由、道德、幸福三位一体地存在于纯粹理性的世界里。在纯粹理性中，应该允许每人都有发言的权利和自由，只要一个人的自由权利不妨碍他人有同等的自由权利。因此，所谓法律就是为了保障人人都有充分运用理性的自由。自由、道德、幸福、立法这些反复出现的概念浑然地、相互关联地体现在纯粹理性和实践理性之中。

但是这里有一个现实的大矛盾，就是谁是立法者呢？显然说上帝是最高立法者，是不能解决现实生活中的问题的。康德生活在普鲁士君主专制体制下，他不可能有改变这种制度的能力。法国大革命的爆发对康德是一个震动，但震动赞叹之后很快就发现这场革命走上的是一条破坏法治准则、残杀异己者的恐怖道路，把他那关于自由、道德、幸福的理想打得粉碎。从纯粹理性向实践理性的过渡被法国大革命堵塞住了，而在君主专制（即使是君主立宪）下，臣民的权利更是得不到保证。于是康德在理念上绝对承认理论与实践的统一，但在论证时不免自相矛盾，难以自圆其说。因为在他所生活的时期，既要保证人民的言论自由，又要臣民在得不到这种自由时也要服从法律，而彼时的法律又绝对不是他理想中全民都是立法者的那种体现最大自由权利的法律准则。

在这里，康德的理论没法子彻底，终于没能摆脱柏拉图的乌托邦王国。在《纯粹理性批判》中，他曾试图突破柏拉图，结果却陷入了另一种柏拉图。他说不要讥笑柏拉图"哲学王"是空想，只要沿着这条思路进一步运用理智就会发现，一部保证人人在法律内的充分自由权利的宪法，就可以实现一种理性的共和国。这不仍然是空想吗？康德直到晚年也没有找到出路，因为他说不清这样美好的宪法怎样才能产生。

康德在60岁以前的政治社会环境似乎还允许"有限度的自由"，因为有个康德认为没有别的君主能够超越的腓特烈大帝，他给他的臣民限定的既有"自由"又可以"保障公共安宁"的限度就是："可以争辩，随便争多少，随便争什么；但是必须听话。"腓特烈大帝逝世后他的侄子威廉二世继位，康德最后20年的日子就没那么好过了，不能随便争什么了，在宗教和哲学的区别上撞在了神学检查官的枪口上了。其实，康德不过主张神学管宗教的事，哲学管科学的事，互不干预而已。结果是禁止康德再谈论这方面的事，他的有关著作遭扣检，他在给他的朋友的信中说："现在在我们这里权势颇大的书报检查机关会作出不同的解释，横加侮蔑。因此，我决定，把这篇文章（《院系间的争论》）再放一放，我希望，临近的和平也许会在这方面为无害的议论带来更多的自由。"因为康德在这篇文章中的前述主张等于在学校里

"树立了哲学系作为神学系的反对派",这当然为威廉二世所不容,并下令谴责康德。这一年(1794年)康德已70岁了。康德于1804年逝世,时年79岁零10个月。

1793年他曾著长文《论通常的说法:这在理论上可能是正确的,但在实践上是行不通的》,其实,他的一生都是在这种冲突中度过的。但是,他永未停止思索,他倾全力争取的是"按照人的尊严——人并不仅仅是机器而已——去看待人"。

2000年3月14日

康德是西方的孔子吗？

最近，听一位久居美国的朋友说，他在美国读哲学时听某教授把康德称作西方的孔子，联系到有人称伏尔泰是西方的"孔门大弟子"，同样都是使我增长见识的趣闻。

康德究竟了解多少孔夫子，未详察过。只知道，康德有过一份"口授记录"，估计是他在大学讲课时记录下来的。据说他在讲授自然地理学时曾经讲到过中国。涉及中国的地理条件、民族习性、饮食衣着、语言刑律、家庭婚姻、物产、宗教等等。那个时期欧洲人对中国的了解都来自各种各样的传教士的口耳之传，接触到某位传教士，这位传教士眼中的中国就成了资料来源。康德一生足迹不出乡里，他对中国的知识只能来源于此。凭这份"口授记录"，康德对中国的了解水平超不过一般传教士的水准。其中自不乏好奇的谈助性质的描述，如说："中国人无论什么都吃，甚至狗、猫、蛇等等。"讲到孔子，只有一句："中国人崇拜孔子，他是中国的苏格拉底。"

拿康德同孔子来比，根本没有可比性。从各自在各自哲学思想史上的地位比，很难说康德是西方的孔子；从各自哲学思想的内涵比，在深层空灵默契处有相通处，同是哲学的深层通感，但与说康德是西方的孔子，则断无可解。

至于说伏尔泰是孔门大弟子，论者的根据是伏尔泰读过《论语》等等，言之凿凿，信其有征。然而，那个时候的理解翻译水平是可想而知的；利玛窦和龙华民的理解就很不一样。伏尔泰确实是对中国有一种好感，原因一是他接触的传教士是康熙宫廷里的"亲华派"，再就是伏尔泰在法国处于受压制的地位，把康熙当作"开明天子"，把这一切糅在一起，伏尔泰便成了"亲华派"了。

传教士这个消息来源，对于欧洲的知识分子是颇有些"导向"作用的；不同的传教士的不同印象，就是不同的"导向"。莱布尼茨和伏尔泰接受的是同一种"导向"，都是康熙身边的李明、白晋一类；说中国"启蒙"了启蒙运动，就是从这路"导向"来的。同是启蒙时期的孟德斯鸠就不同，看看《论法的精神》里的中国，会使人想到鲁迅《阿Q正传》里的形象，看过《论法的精神》的，都知道，那是十分尖刻和入木三分的。就是康德的口授记录中在描述中国的民族习俗和性格时也有这类话："中国人报复心强，但他们总可以忍耐到适当的时机才发作。他们那里没有决斗的习惯。他们非常贪玩，可胆小怕事；他们勤勉、恭顺，奉承起人简直是天花乱坠。他们抱着传统习俗死死不放，对未来生活却漠不关心……"

可是，为什么时常会听到18世纪的欧洲如何之掀起"中国热"之类的话呢？我想，外国人这样说，一方面是出自对中国的好感或好奇；同时也表明他们根本不懂得孔夫子是怎么一回事。中国人喜欢这样说，甚至引用外国人的话以为助力，是因为可以满足一些自己的民族虚荣心。那潜台词是：看！连外国人都说我们的孔夫子如何如何的了！至于"墙内开花墙外香"则是久矣的习惯，当然也有"礼失求诸野"的感慨在内；所以只要是海外的一声赞誉，便通常会受到国人所享受不到的"青睐"云。

近来，常听到"儒学"与现代化的宏论，或曰现代化为"儒学"的复兴提供了"契机"，浅薄如我者，实在难窥堂奥。厉言孔子——莱布尼茨、孔子——伏尔泰、孔子——康德等十八九世纪的传奇，其思路是共通的，可是我还是难窥堂奥。

1998 年 4 月 14 日

康德与中国哲学

一

我以为，康德的"批判哲学"与中国哲学之间有一种默契，这是一件很有趣的事，因为中西之学不自觉地在纯然的学理深层不期而遇了。康德没有看过中国的书，也没有像莱布尼茨、伏尔泰等那样从传教士那里得到关于中国哲学的一知半解般的印象。然而，"肝胆楚越，万物皆一"，却因心理攸同而道术相通。我读康德，如有所得，这就是一个。

康德的书，实在不容易看懂；译成中文，更直如"天书"。难怪王国维发出这样的感叹："余疲于哲学有日矣。哲学上之说，大都可爱者不可信，可信者不可爱。余知真理，而余又爱其谬误。"我读康德，每有同感。但也有乐趣，因为一路硬着头皮看下去，中文看不通，查英文，反复回旋，终于在恍惚中若有所悟，在朦胧中有似曾相识之感。有所感而说不出，是因为根本找不出哪怕是可以强作比附的词语、概念。但是，明明是风马牛不相及的"批判哲学"与中国哲学，却有如两条线，各自循自己的思维轨迹前行而不时地交叠在一起。我的这种感觉一直驱之不去，但久久苦于理不清楚为什么有这种感觉。有一次看到牟宗三先生几句话，好像豁然贯通了。这几句话就是："康德的哲学可以作一个桥梁，把中国学问撑起来。即用康德哲学之概念架构把儒学之义理撑架开，进而充实、光大儒学。"能不能由此而"充实、光大儒学"，不好说；不过确实可以用康德学说的内涵精神和框架把中西哲学接通。近读《近思录》首卷周敦颐论"道体"诸语，愈见牟氏见地之精。周敦颐的这些话，串起来看，是中国哲学的一份大纲，也是浓缩的康德哲学之大纲，其理义可以相通。

其实，哲学不论中西，大而化之地说可谓宇宙之学与生命之学。西哲自宇宙始，中哲自生命始。前者重自然，后者重道德。此非言西哲不言道德而中哲不言自然；侧重面有很大的不同而已。而康德能兼之，始于宇宙，终于道德。尤可注意者，中西哲学里面都有一个"人学"。"人学"无非是"人到底是什么"和"人应该做怎样的人"两大问题。前者是把"人"作为客观的"物自体"来看待，属于"to be"的范围。后者是伦理学意义的"人"，属于"ought to be"的范围。中国哲学讲生命之学、人性人心等，都是属于"人是什么"的范围的；然而，到此为止，而且语焉不详，侧重的是该做什么样的人；简言之就是要通过教化之推行来规范和矫正人的身心言行，使之达到规定的社会道德标准——"尽人之性"的目的是实现"圣人之德"，达到"无人欲之私"的道德顶峰。《大学》里齐家、治国、平天下的名言，核心是修身、正心、诚意。当然还有一句话："欲诚其意者，先致其知；致知在格物。"整个一段话联起来看，包含了

"认识论"与"合目的性"（purposive ness）的统一，次序是从"致知在格物"开始，最后是"平天下"。思维逻辑的路子是顺的；只是中国哲学的重点并不在这一头一尾，而是要突出中间这一段伦理的和政治的行为准则。

西哲则特重研究"to be""being"。康德是把"to be"和"ought to be"结合得最紧密的。他研究作为"物自体"的"人"，研究"我思维着"的主体"我"，都讲的是"to be"问题，虽然他终归认为"物自体"是不可知的。接着他也研究使"我"成为完善的"我"、道德的"我"的理性依据。这便是"ought to be"问题了。康德在晚年的一封通信里说，他生死以之的"批判哲学"，搞的是四个大问题：一、我能够知道什么？（形而上学）二、我应该做什么？（道德）三、我可以希望什么？（宗教）四、总之，人是什么？（人类学）在康德，"人"既是作为物种的"人"，又是一个个具体的人；既是"自然秉赋"的"人"，又是体现"道德律令"的"人"。人的道德源于人的"自然秉赋"（纯粹理性）。而教化之功、美育之功——所谓"有探讨、有训练、有教导"的努力——则是康德用以联结人的"自然秉赋"和最高的道德标准的不可或缺的纽带。因为，人固然具有纯然理性的"自然秉赋"，但也有自私自利的"动物性"和"非社会性"（unsociability），而且后者是要长期存在的，并且是人类社会种种对抗和冲突的根源，所以需要教育来加以改造。

去掉了人的"动物性""非社会性"，人的幸福观和道德观、政治和道德，就将可以统一在道德的"绝对命令"之下，纯粹理性就将完满于实践理性，"三大批判"的主题于是连成一气；到那时，人类社会就将达到完美的"至善"境界。因此，"to be"与"ought to be"在康德的人类学里是文章的上下篇，是浑然一体的。而康德的所谓"至善"境界，其精神与"欲明明德于天下"，与"为万世开太平"恰是同一思路，同一归趋；康德叫作"普遍法治的公民社会"。

因此，从康德的晦涩而枯燥的文字跳出来，就可以顿然"会当凌绝顶"，发现康德的意图可以包容中国哲学的伦理内涵，而用中国哲学体察"道德律令"和"意志自律"，也照样可以通行。

陆象山说："东海有圣人出焉，此心同也，此理同也。西海有圣人出焉，此心同也，此理同也。南海北海有圣人出焉，此心同也，此理同也。千百世之上，至千百世之下，有圣人出焉，此心此理亦莫不同也。"钱锺书先生也说："东海西海，心理攸同；南学北学，道术未裂。"康德和中国哲学的默契，说明学问到了至深至厚的程度原是可以、而且应当贯通的。

1994年4月

二

牟宗三认为康德可以作为中国哲学与西方哲学的一个桥梁。这个见解是打开隔断中西哲学之大门的一把钥匙，其学术意义甚大。

近读《近思录》首卷周濂溪（即周敦颐）论"道体"诸语，愈见牟氏见地之精。

周敦颐的这些话，串起来看是中国哲学的一份大纲，亦是浓缩的康德哲学之大纲，其理义可以相通。

哲学者，宇宙之学与生命之学也。西哲自宇宙始，是为自然哲学；中哲自生命始，是为道德哲学。此非言西哲不言道德而中哲不言宇宙也，但侧重面有所不同。而康德能兼之，且始于自然哲学，终于道德哲学，故可为桥梁。

余所阙者，于自然哲学不通数力之学，于生命之学又不解《易经》，宜其不能贯通其间也。此此生之大憾也。

1994 年 4 月 25 日

三

康德以"出现"为思想（概念、精神）之外表的呈现，而"出现"绝非思想的外观，故"表现"出来的并不就是思想（概念、精神）的全体。所以，"出现"（呈现）反映思想，却并不等同于思想。"出现"不能反映本质。

"出现"略相当于中国的"形"，而思想（概念、精神、灵魂、本体、自然、理念、理想、理性……）略相当于"像"。

《楚辞·天问》："冯翼惟像，何以识之？""冯翼"，《诗》曰："有冯有翼。"《传》曰："道可冯依以为辅翼也。"此训太实。闻一多疏证："冯翼"，元气满盛之貌。据《广雅·释训》："冯冯翼翼，元气也。"故"冯翼"属本体，属物自体。

闻氏又训"像"为"象"。《韩非子·解老篇》曰:"故诸人之所以意想者,皆谓之象也。"《韩诗外传》八曰:"未见凤凰,惟思凤象。"闻氏释曰:"是无实形可睹而但可拟想者谓之象,故《老子》四十一章曰:'大象无形。'《淮南子·原道篇》曰:'网不若无形之象。'……"又,《淮南子·精神篇》曰:"古未有天地之时,惟象无形……"

但康德认为"象"可以有"形",但那"形"永远不可能完整地反映"象"。至于作为本体的"象"究竟是怎样的,康德同样以为无法确知。终于仍归于"冯翼惟像,何以识之"。所以,这本体在中国哲学和西方哲学中都是不可知之的。

本质和现象的关系,是哲学中一大命题,此亦中西皆通者。

1994年4月26日

四

康德描述人类理性证明最高存在者的存在是取如下的自然过程的。第一,"理性自己认为某一个必然的存在是必须有的,它把这个存在看为具有无条件的存在的"。第二,"它就寻找能被设想为独立于一切条件的东西,而在一个本身是一切其他东西的充足条件的东西里面找着它,就是包含一切实在性的东西。"因此,"最高存在者必然是要作为一切东西的原始条件而存在。"循此,康德得出:"这个存在的概念是和绝对的必然性理念是协调的。"

这是属于"being"问题的。康德并不满足于这个"自然过程"的论证，因为它没有找出最高存在者何以必然存在的原因。这个"最高存在者"在自然的神学中便是"上帝"，"上帝"的存在是无条件的。中国没有"上帝"，但是也有一个"最高存在者"，那就是"天"。"天"并不是形而下的、物质的"天"，它是形而上的永恒必然的（无条件的）存在。"天"的概念，便是"天命"，"天"与"天命"是相协调的。同样，中国哲学也没有解决"天"何以是必然存在的，而且丝毫也不想像康德那样去做徒劳的努力。

1994 年 4 月 28 日

五

陆象山说："东海有圣人出焉，此心同也，此理同也。西海有圣人出焉，此心同也，此理同也。南海北海有圣人出焉，此心同也，此理同也。千百世之上，至千百世之下，有圣人出焉，此心此理亦莫不同也。"（钱锺书"东海西海，心理攸同；南学北学，道术未裂"，同此意。）

其所以"同"者，在于都有一个打破砂锅璺（问）到底的究竟、至极的理想。这个"至极"的东西，在西方哲学中有两条通道可致：一是绝对的、至尊的、无条件的存在，即"上帝"；一是通过知性上升到理性。这种"上升"不是无条件的，它不可能完全从经验中抽出来。例如，"道德律"

往往会受到义务的干扰，因而在这种情况下，"道德"就无法是纯然的，就无法是形而上的。所以康德认为，"道德"只有把义务的成分滤掉才是纯粹的道德；这就是道德的形而上学，至此，道德、理性、上帝就一致起来了。

中国哲学可以与西方哲学找到相通的心理，因为，中国哲学也要追求一个至极的境界，最终实现道德之圆满。然而，中国哲学到达此境界的道路，更重在"自省"，重在把人性之本然发现和发挥出来。既不是靠知识，也不是靠"上帝"，而是靠自己内在的"亲亲、仁民、爱物"，靠"率性之谓道"、靠"人皆有不忍人之心"，靠"动心忍性"——总之，靠的是"内圣"。伊川、朱子讲"即物穷理"，但"德性"仍占首位。朱陆"鹅湖"之争，其实没有什么了不起的分歧。所以，中国哲学一下子便可通到道德的形而上学。按牟宗三的说法，而且是通过"智的直觉"直通通地实现的。因此，中国哲学是比康德更加彻底的唯心主义。同时，中国哲学无须求助于上帝，"天"具有比西方的"上帝"象征性更多的意义。

撇开上帝，在道德的形而上问题上，东西可说是"此心同也，此理同也"。

1994年5月6日

康德的道德哲学与《中庸》

康德在《道德形而上学原理》第二章里有这么一段话:

> 事实上,单凭经验决不可能确定无误地判别个别情况,判定一种在其他方面合乎责任的行为,其准则是否完全以道德理由为依据,以责任观念为基础。有时出现这种情况,尽管通过最无情的自我省察,除了责任的道德根据,我们找不出任何东西能有力量促使我们去进行这样或那样的善良活动,去忍受巨大的牺牲,但并不能由此就确有把握地断言,在那表面的理想背后没有隐藏着实际的自利动机,作为意志所固有的,起着决定作用的原因。我们总是喜欢用一种虚构的高尚动机来欺哄自己,事实上,即使通过最严格的省察,永远也不会完全弄清那隐藏着的动机。因为,从道德价值上说,并不是着眼于看得见的行动,而是着眼于那些行为的,人们所看不见的原则。[①]

康德的话十分平和,不带任何感情色彩,逻辑严密得

---

① 据苗力田译文,上海人民出版社1986年,第57页。

滴水不漏。现在每天都在讲"好人好事"，20世纪50年代学雷锋，一大批英雄模范，一直是这样。后来发现不少"劳模"变了味儿。改革开放后又提倡学一些"英雄"，其中也出现了像大邱庄的那位"劳模"。确实的，当报上宣传"好人好事"的时候，从他们的外部行为是看不出内在的道德价值的，因为单凭行动，不可能一下子看到隐藏着的"自利动机"，那行动是"合乎责任"的，但很难断定这些行动是"出自责任"而不假"责任"以外的任何动机。

一个人做好事的时候，完全出自对责任的内心体悟，他不为别的，只为的是这样做是理性所要求的，换言之，是理性"命令"他、"强迫"他按照"责任概念"的规律去行事，这样的"好事"不掺杂任何别的动机，便是一种必然性的行为。按照康德的道德哲学，这样的"好事"才是有"道德价值"的。

依康德所述，道德即是普遍规律，与发自个别情况的特定准则不同。特定的行为准则，或出自经验，或出自个人的爱好，包括了除普遍规律以外的任何动机，有的与普遍规律相符，有的则不一定具有普遍规律的价值。

道德——普遍规律——与意志的自律性是一致的，所以道德是"命令式"的，而且是"定言命令"，因而是"实践理性"。

这一套"道德形而上学"的道理，很有些像《中庸》里的一些话。如《中庸》一开头便说："天命之谓性，率性之谓道，修道之谓教。道也者，不可须臾离也，可离非道也。""道"就是"普遍规律"。又，子曰："天下国家可均也,爵禄可辞也,白刃可蹈也,中庸不可能也。"这里的"中庸"也是"普遍规律";朱熹注曰:"若中庸,则虽不必皆如三者之难,然非义精仁熟,而无一毫人欲之私者,不能及也。"康德所说的个人的快乐、幸福,等等,便都属于"人欲之私"。

《中庸》的这些话是很透彻的道德哲学,用康德的道德形而上学加以注解,内涵便丰富得多了。

1997 年 4 月 1 日

王国维与康德

如果有人问我,欧洲人写的书,凡看过的,无论古人的今人的,最喜欢看哪个人的书。我会一口说:"康德。"我在跟朋友们聊天的时候,常不免要说康德是怎样怎样说的,以致老伴儿讥我"言必称康德"。康德的书实在难,我的德语水平连买菜都勉强,只能靠英译本,有的书有中译本,但是我觉得还不如看英文的译本更容易些。不是因为中译文不好,而是因为英德文字逻辑总比中德文字逻辑接近得多。不过说老实话,好多我一直看不懂;只是越看不懂越想看,在似懂非懂之间每得书趣;康德的魅力好像正在这里。

我读康德,用的是张宗子读"四书"白文的办法,不看旁人的解释,就那样看下去;看不下去了,便放在一边,过些时候再看,忽然便得其一二。张宗子所谓"四书遇",在路上不期而遇了。

但是如果要走进深宅大院,总得先找到"入口处",否则,转来转去还是不得其门而入。于此,想到王国维自述年轻时读康德的甘苦:

> 次年(1903),始读汗德之《纯理批评》,至《先天分析论》,几全不可解,更辍不读,而读叔本华之《意

志及表象之世界》一书。叔氏之书，思精而笔锐。是岁，前后读二过，次及于其《充足理由之原则论》《自然中之意志论》及其文集等，尤以其《意志及表象之世界》中《汗德哲学之批评》一篇，为通汗德哲学关键。至二十九岁，更返而读汗德之书，则非复前日之窒碍矣。嗣是于汗德之《纯理理性》外，兼及其伦理学及美学。至今年（1907），从事第四次之研究，则窒碍更少，而觉其窒碍之处，大概其说之不可持处而已。此则当日志学之初所不及料，而在今日亦得以自慰者也。

这段话讲得真好，见于王氏《三十自序》。特别使我醒豁的是，王氏在读了几次之后对洋圣人的书打破了一些迷惘，因为"觉其窒碍之处，大抵其说之不可持处而已"。康德在迷宫里转的时候，难免走了许多冤枉路，读者跟着他老先生转，岂不是自讨苦吃吗！困而后知；康德在"困"的时候，便是那"窒碍之处"了。

王国维读康德的"入口处"在叔本华，结果却走进叔本华的宅院里去了，王国维始终没有真正悟解康德。我也找了个读康德的"旁门"，那就是宋明理学。陆九渊、朱熹的"鹅湖"之辩，给我提供了这个"旁门"：一个偏重"尊德性"，一个侧重"道问学"，在辩论中有不少形而上的东西，最后两个人和解了，都说这个侧重统起来本是一回事。倒是他们的徒子徒孙们还争个没完没了，以致"各成门户，几如冰炭"。

牟宗三先生说"中西融通之桥梁乃在康德"；他还说

过，可以用康德的哲学构架把中国哲学撑起来。现在我倒过来说，宋明理学是不是可以当作读康德的"出入口"。当然，一旦进入到里面，自然各有一番天地，是不能胶柱鼓瑟地妄作比附的。

翻拣旧书，发现王国维《汗德像赞》四言诗一首，那诗里面的康德，俨然是一个中国圣人。转抄如次：

> 人之最灵，厥惟天官。外以接物，内用反观。小知间间，散带是享。群言淆乱，孰正其枉。大疑潭潭，是粪是除。中道而反，丧其故居。笃生哲人，凯尼之堡。息彼众喙，示我大道。观外于空，观内于时。诸果粲然，厥因之随。凡此数者，知物之式，存于能知，不存于物。匪言之艰，证之维艰。云霾解驳，秋山巉巉，赤日中天，烛彼穷阴。丹凤在霄，百鸟皆喑。谷可如陵，山可为薮。万岁千岁，公名不朽。

"凯尼之堡"，康德故乡格尼斯贝格也。看，这个康德像不像个峨冠博带的中国圣贤！

1996 年 10 月

冯友兰与康德

最近，我突然发现冯友兰与康德有相似的地方。就是都能把不同类，甚至相左的事情，加以融会贯通，最后归一到一个兼容并蓄的大境界里。"万物皆备于我。"冯先生把万物都备于他的四种境界中去。在今天的历史条件下，可以把马克思、柏格森、欧洲古典哲学等等，都纳入中国的"天人境界"中去。

康德则是用先验理性原则把二律背反范畴里的问题通通解决了。凡人世间的一切矛盾都是理性（他有时用"自然"，有时用"天意"，有时还用"无上命令"等等）在先天就决定了的。理性让各种矛盾存在，理性又可以化解它们。理性决定了人类社会最终必将归于一个世界大同境界，虽然理性同样也决定了人类必然有一个分裂、纷争、相互倾轧的民族国家时期。理性既决定了这个，又决定了那个。而在实现大同世界以前，就要靠道德规范、法来制约。当然，这种道德规范、法，也是理性的体现。法，属于政治范畴，政治本应服从道德；但在现实中，政治时时表现为与道德的背离，表现出相当大的"权宜"性。但政治最终应服从理性的道德"命令"而达到政治与道德的统一。康德认为，理性从本质上是谴责战争的，然而，交战双方又都说自己属于正义的一方，都有充足理由与对方作战。在人类的野蛮时代，没有法庭可以裁决是非，有了法，便可以用法来约束了。这一切都符合理性的先验规定。二律背反中的问题在现世都无法解决，拿到理性世界就一通百通。所以，在康德那里，理性是个无所不包的法宝，也是"万物皆备于我"。

冯友兰与康德很不同的一点是，冯不承认"此岸""彼岸"之分，即不像康德心中有个"彼岸"。马克思曾说，康德的道德律不是宗教，因为道德的基础是"自律"，而宗教的基础是"他律"。但康德归根到底还是有"彼岸世界"，即他的道德律最终仍是"他律"。因为他说不清"理性"到底是什么和在哪里，似乎是"此岸"所抓不到的，因此他时时要变换着"自然""造物主""天意"之类的概念。在冯先生那里，则没有这些纠缠不清的情结，他的"新理学"完全是现世的。

冯先生和康德都遇到了许多难解决的问题，但最后都达到了方圆能周、异道相安的境界。冯先生承绪中国哲学时时存而不论的传统，力求尽可能地在现世中彻悟，不能彻悟的便存之于天地之间。康德则把无法解悟的事，在努力到尽头时推给"彼岸"。

冯、康还有一点不一样，是风格上的不一样：冯先生能把极复杂的事说得很易解，所谓深入浅出；康德则力求科学逻辑的绝对严密无缝隙，因此每每把本来不那么复杂的事说得很复杂。

1986 年 6 月 28 日

牟宗三与康德

牟宗三去年（1995）过世。牟氏著作等身，早年宗熊十力，所以他于哲学的研究，颇重视佛学的哲学意义，由释返儒，这是熊十力的道路。而牟氏于哲学的贡献，最重要的在于他对中西两学的深层融通，而不只限于概念、词语上的比较和比附。是提升到人类智慧、识见的水准，把中西哲学作贯通的理解。诚如他说的："柏拉图、亚里士多德、耶稣、圣多玛、近世笛卡尔、莱布尼茨、陆克、休谟、康德、罗素，代表西方之慧解；孔、孟、老、庄、王弼、向秀、郭象、智俨、荆溪、知礼、杜顺、贤首、濂溪、横渠、二程、朱子、五峰、象山、阳明、龙溪、刘蕺山，代表中国之慧解。"这两种慧解本是各行其道，而达到相当高的智慧，不论其为东、为西，就可以实现心领神悟的通解，而两相消融。

于是牟宗三提出："中西融通之桥梁乃在康德。"因为"古今哲人，辨力之强，建构力之大，莫过于康德"。牟氏于康德哲学用力甚勤，他发现，康德的人类理性的"至善境界"（所谓"人类理性的立法"）把"是什么"的自然哲学和"应当是什么"的道德哲学结合为整一的哲学体系，知性和理性的区别和统一，等等，都可以作为一种架构把中国的儒道释哲学撑起来。这不仅是方法问题，而且是说东西智慧发展到足够高度的时候，相互间是可以彼此理解的。说康德的"建构力"很大，就是说他能够容纳和消解中国哲学。中国哲学从古到今一路下来，须得把它"系统化"起来，这诚然是哲学史的工作，然而要把它的哲学内涵实现出来，单靠逐句疏解是不行的，就如牟氏说的，中国哲学"多圆融平实"，而"圆融平实"是一种很高的境界，如果达不到这个境界，就会流于昏沉和肤浅。所以中国古书，从前的三家村学究们，可以倒背如流，充其量可作为律己责人的戒条，但对里面内蕴的哲理，却茫然无所悟。

这就是说，中国哲学"须建构以充之"。牟氏的意见就是用康德的"建构"以充之。当然绝不是"对号入座"般的把中国哲学图解般地"建构"起来，而是从中更深刻而准确地理解两种"慧解"。

这种康德的"建构"看来有这样几个层次。

最上层是"至善"这一层，在哲学是最高境界，道德上达到了圆善圆满的境界，所谓"理性立法"，世界万物都自觉地受理性的管制。从人类社会发展的眼光看，就是"世界大同"，天下万物都能体仁、归仁。

达到这种理性境界，按照西方哲学经历过基督教的潜移默化，自然上帝是起最大作用的，因为一切都是他安排的。但是在作论证的时候，"上帝"却起不了实际作用，上帝属于信仰的事。"信仰"，是无理可说的；所以上帝不解决"论证"的问题。论证还要靠凡人讲道理。康德的理论虽然很深奥晦涩，可是他是凡人讲道理。说上帝相当于中国的"天"，是至高无上的。但是中国的"天"没有那么深的宗教意味。

凡人讲道理，最要紧的是靠"知性"。康德特重理性，然而他同样坚持理性必通过知性才能达到。所以康德讲的许多道理都是讲"知性"，讲 understanding。而不是直通通地就达到了理性。康德的话看起来空，其实它很实。那个理性是建筑在厚厚的知性上的。所以道德也是从知性来，是智慧达到了很高的程度才有了道德。它不仅仅是心性的体验。中国常是把道德和知识分开的，有没有知识与有没有道德是两码事。陆九渊与朱熹的争论开始时就在这里。所谓"鹅湖之辩"。后来朱熹作总结，跟陆九渊和解了。用康德的观点来"建构"，"知性"和"理性"原是一股道上的事。牟先生很重视康德的这个认识。康德的看法近儒不近佛。佛讲顿悟或渐悟，儒就需要知的支撑。牟先生师法熊十力，从佛入儒，所以他觉得康德很亲切。他说："熊先生每常劝人为学进德勿轻忽知识，勿低视思辨。知识不足，则无资以运转；思辨不足，则浮泛而笼统。空谈修养，空说立志，虚馁迂陋，终立不起，亦无所修，亦无所养。纵有颖悟，亦是浮明；纵有性情，亦浸灌不深，枯萎以死。"这虽是讲的熊先生，从中也可看到牟先生对康德的领悟。牟先生在不少地方建议后学特别要重视康德的知性。唯其如此，那理性才不是空的。盖理性必有一长时期的知性作准备也。

牟氏所言"建构"，源亦出于康德。康德云："夫建构（architectonic）一辞，乃建筑一系统之术也。如无系统的整一体，则我们的知识不能成为学问。它将是一种总合，但却不是体系。因此之故,精确的知识的学说必是建构性的,并且必定因而形成我们的方法。""所谓体系,意即在一种观念下的各种知识的整一体。""科学的观念包括目的和符合于此目的的全部形式。"部分必须服从整体,不能偏离最终目的。所以,"哲学是全部哲学知识的体系"。

哲学,用康德的术语,就是"人类理性的立法"。它包含两方面内容,就是说,"人类理性"像法官一样,它要裁判的是两个对象物,即自然和自由。因此,这个"立法",不仅包括自然的各种法律(法则),而且也包括道德的法律;它们起初分属两个互不从属的体系,到最后便汇合成为一个认识的最高的哲学体系(one grand philosophical system of cognition)。"自然的哲学讨论的是一切归于是什么的问题,而道德的哲学则讨论应当是什么的问题。"

至此,康德的"大建构"已经出来了。牟宗三正是看中了这个"大建构",这个"建构"确实可以把中国哲学"撑"起来。康德没有像莱布尼茨那样理解伏羲的"八卦图",但是他与中国哲学却可以相互包容。牟氏认为,康德的图式与中国哲学有一种深层通感,康德的"建构"体系的方法可以把中西哲学沟通起来;而中国哲学之智的直觉又可以"补充"康德。为什么这样说呢?我想,康德的局限性在基督教,而中国哲学没有这个限制,可以继续无止境地想下去。但中国哲学有另外的局限性,即它总离不开政治,离不开"经世致用",不独立。说康德的"构建"可以把中国儒学"撑"起来,一在于这样看出中国哲学之可以成为体系;二则从内容上看,中西"慧解"之可以融通。

    牟氏是否这样理解康德的桥梁作用的？我不知道。目前我只能理解到这一步。

1996 年 1 月 17 日

罗章龙与康德

1924年,罗章龙奉中共中央委派参加共产国际第五次大会。然后又到汉堡出席"运输国际"世界会议。在途经波兰时,曾专程去柯尼斯堡拜访康德故居,瞻仰了康德墓。他晚年自述,当时曾徘徊竟日,不忍离去,并有诗云:

> 墓道庄严铭语在,
> 萧条异代感同怀。
> 东西海岸先知出,
> 曾见金人入梦来。

康德墓道铭文为"我头顶的星空和我内心的道德法则"。"萧条异代"取杜诗"怅望千秋一洒泪,萧条异代不同时"。"东西海岸"源出陆九渊"东海有圣人出焉,西海有圣人出焉,此心同也,此理同也"。"金人入梦",见《后汉书·西域传》:"世传明帝梦见金人,长大,顶有光明,以问群臣。或曰:'西方有神,名曰佛,其形长丈六尺而黄金色。'"

近世牟宗三以康德为中西哲学的桥梁,罗章龙诗略有此意,而早于牟了。

前此,"五四"时期罗章龙在北京大学与师友成立"亢慕义斋"翻译社,遴选西方最有代表性的哲史书籍移译成中文,向中国读者绍介。"亢慕义"者指"共产主义"外语音,所以译事以绍介马克思主义为主。当时李大钊、陈延年等都曾参与其事。罗氏与商章孙合译了德国哲学家卡尔·福尔伦德所著《康德传》。当时"亢慕义斋"旨在研究马克思主义,而《康德传》之译,定是因为康德的哲学思想对后来的社会主义思潮具有后发之力。

罗氏译《康德传》,或是比较全面介绍康德的早期之作。

1997 年 3 月 1 日

新编版后记

庚子年，疫情年。

这一年发生了很多事，也使很多该做的事情做不成。

2018年先父陈乐民先生去世十周年时，东方出版社决定出版"陈乐民作品新编"。编纂过程中疫情暴发，地球人轮流禁足，许多行业按下了暂停键，出版行业也不例外。禁足期间我甚至觉得过问编辑工作是否还在继续，文集是否还能顺利出版都是不合时宜的。所以，当陈卓先生6月底忽然与我联系，告知编辑工作已接近尾声时，我竟有些惊喜。

父亲离世后，我打开他自己整理的文件档案，走进他的笔墨世界，整理出版他没来得及发表的文稿。父亲的文档在助手的帮助下整理得很清晰，所以他去世后短短一年半的时间里就出版了《启蒙札记》《对话欧洲》《一脉文心》（三联书店）和《给没有收信人的信》（广西师范大学出版社）；2010年北京画院举办了"一脉文心——陈乐民的书画世界"书画展；2014年三联书店出版了"陈乐民作品"；2018年浙江大学出版社出版了书画集《士风悠长》，同年浙江美术馆又举办了"士风悠长——陈乐民文心画事"书画展。

这一切令人欣慰，但我总有些难言的怅惘、失落，甚至虚无。因为无论是作家还是学者，最高兴的事情是看到自己的作品问世，看到自己的著作有人阅读、自己的字画有人欣赏，能与读者特别是青年读者分享、交流自己的思想。然而我父亲没能看到一年内自己四本书的问世，以及之后文集的出版，也没能看到自己的两次书画展。所以，听大家回忆他的人生、分析他的思想或欣赏他的书画时，我只是一个旁观者和局外人，深感若作者缺席，则一切皆无意义。

时间还是多少拉开了我和父亲之间的距离，使我得以理性地看待他——不仅是作为我父亲，而是特定环境中的一位学者，一个人。2018年，因为要整理出版他的作品新编、再版书画集、整理要捐赠的手稿，我从不同角度深入他的文章、笔记、书信、日记、手稿、字画里，透过这些文字，我得以重新发现他，冷静地审视、描述这位学者。

说他学贯中西绝不为过，他的学术领域涉及国际关系、中国历史、欧洲历史、中西哲学、中西交通史、中西文明比较，他写学术著作，也写杂文。我才疏学浅，论及哪个领域都有班门弄斧之嫌。我只想谈谈从他的文字里我看到了一个怎样的人，以及他作为一个有社会关怀的学者留下的遗憾。

父亲的座右铭是"以出世的精神做入世的事情"。他关注社会，愤世嫉俗，心系启蒙，希望写出的东西多少有益于推动中国社会的进步。他的读书、思考、写作与功名利禄无关，与谏言、智库无涉，因此耐得住寂寞，常常只问耕耘，不问收获，享受的是阅读、思考、书写、绘画的过程，而非结果，真正进入了"我思故我在"的境界。

父亲思考很多问题，写下来，却不急于发表，甚至没想去发表。他留下了几百幅笔墨却没想过示人，这是他自己的一片小田地，是修身养性的"静心斋"，那些长幅和整本娟秀的小楷文钞，透着静和净。这时的他就像打坐的高僧，与世隔绝，物我两忘，脱离了世事纷扰。

退休以后，父亲没有行政事务羁绊，没有课题压力，彻底解放了自己，可他却为尿毒症所苦，透析长达十年之久，每周只有一半的时间可以工作。我想，正是这种出世的精神使他得以把平和豁达的心态与激越的头脑风暴结合在一起，有效地利用了极有限的时间和精力。他的大部分作品竟然是这十年写就的。

父亲越来越注重提出问题，而不是给出答案；更在意先让自己明白，而不是刻意说服别人。看他的笔记和日记，困惑、质疑、反思、自我审视远远多于给出结论。有人说他的文章读起来温润内敛，不那么锋芒毕露、咄咄逼人。我想，这不仅是一种文风，更是一种希望与读者平起平坐探讨问题的态度。很多问题他没有机会讨论，也没有时间找到答案。他说他很寂寞，这种寂寞不完全是无人对话，更是精神上的。所幸他又很享受这种寂寞。

我在父亲的笔记本里发现他记下了好几页的思考片断，不知道准备做什么用。比如：

——生活中越熟悉的东西越难捕捉，鼻子尖下的东西往往是最后看到的。人，是每日每时都见到的，但最难了解。古今哲学家都是越研究越糊涂。

——自由总是与责任联系在一起的,对别人不负责任的自由,不是真正的自由。

——我们处于两个世界之间,一个已经死了,另一个则无力生出。为此海德格尔坚持认为,哲学家必须考虑到自己所处的时代,必须意识到这个时代所有的黑暗。

——自然科学越研究越明白,社会科学特别是哲学则越研究越糊涂。哲学是永远不会有结论的"打破砂锅问到底"之学。

——治"西学"不谙"国学",则漂浮无根;治"国学"而不懂"西学",则眼界不开。文化割弃了传统,就是贫瘠的文化。

…………

他的一首小诗也是这种心境的写照:

初冬一场雪,大地洗纤尘。
多病似非病,无神胜有神。
新书焉可信,旧史亦失真。
老至频发问,解疑何处寻?

其实,无论在什么领域,提出问题往往比回答问题更重要。正是因为不断质疑,父亲不满足于停留在国际问题领域,而转向历史,进而转向繁复的哲学思考。生命的最后阶段，他对康德着迷，自称是斗室中的"世界主义者"，到了羽化登仙的地步。而这时的他已经坐了轮椅，几乎站不起来了。

高楼需要坚实的地基。父亲的国学和西学底子深厚，夯实了相当坚固的地基，可惜没有时间把楼盖到他期待的高度。他年近半百才有机会进入学术研究领域。不要说如果他二三十岁就能开始学术研究，哪怕他晚走五到十年，也会到达一座新的学术高峰。虽然相对于他可以利用的有效时间来说他已算是多产，但由于他与很多同时代知识分子一样，不得不将大把的年华洒在曲折的道路上，他没能成为他所崇拜的民国学术前辈那样著作等身的学者。尽管他潇洒地说"休怨时光不予我，来年可是纵漫天"，但对于他这样一个有如此深厚中西文化根基的人本可以达到的高度而言，不能不说留下了太多遗憾。且不说还有多少"欲说还休"。

父亲是乐观的悲观主义者，或者说是悲观的乐观主义者。他在日记里沮丧地说，他写的这些东西似乎没有多少价值，就像棉花掉在地上一样静默无声。但是他又像很多中国知识分子一样，以为社会总是在螺旋式进步，因此还是知其不可而为之。

幸运的是，父亲生前身后不断遇到文化底蕴深厚、敬业、专业而有理想的编辑，是他们的努力，使得他的著作、他的思想火花，甚至思考碎片得以保留下来。东方出版社这次出版"陈乐民作品新编"（九卷），收入了大量未曾结集的文章，包括未曾录入的手稿，共计12万字左右，同时重新整理、编辑各卷篇目，使得每卷的主题更为突出，内在逻辑更加清晰。

这个庚子年必定成为史书上标志性的一年。而就我个人而言,这一年里最值得回忆的就是父亲这部作品新编的问世。

陈丰
2020 年 8 月 18 日于巴黎